W0387060

JE COMMUNIQUE AVEC VOS DÉFUNTS

TÉMOIGNAGE

Ouvrage dirigé par Florence Pierron-Boursot
Conception graphique : Ariane Galateau
Images : Shutterstock.com
Avec la collaboration de Carole Coatsaliou

Tous droits réservés, y compris le droit de reproduction de ce livre ou de quelque citation que ce soit, sous n'importe quelle forme.

© 2021, Hugo Doc, département de Hugo Publishing
34-36, rue La Pérouse
75116 - Paris
www.hugoetcie.fr

ISBN : 9782755686944
Dépôt légal : mars 2021
Imprimé en Espagne par CPI Blackprint

MÉGANE COHEN

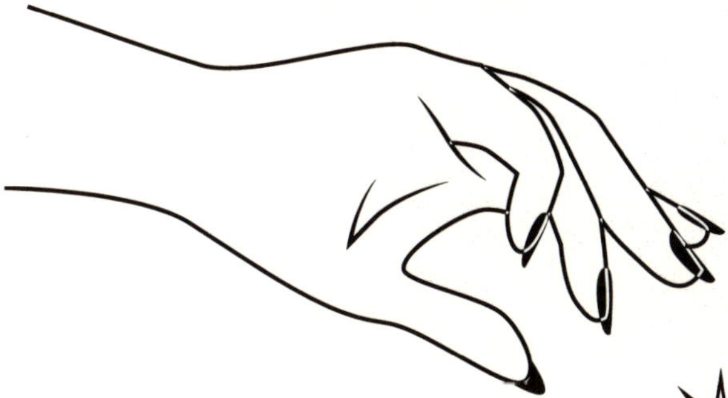

JE COMMUNIQUE AVEC VOS DÉFUNTS

TÉMOIGNAGE

Hugo Doc

« Voir l'univers dans un grain de sable,
et un paradis dans une fleur sauvage.
Tenir l'infini dans la paume de la main,
et l'éternité dans une heure. »

William Blake

CHAPITRE I

JE SUIS MÉGANE, JE COMMUNIQUE AVEC VOS DÉFUNTS

Il fait beau aujourd'hui. Le ciel est clair, je perçois le gazouillis des oiseaux, les odeurs printanières des fleurs naissantes et de l'herbe mouillée. Je mets un peu d'ordre dans le cabinet, la lumière transperce la fenêtre et inonde l'espace. Je sens une bonne énergie ce matin, je suis prête à affronter la journée et tout ce qui pourrait se manifester à moi. Mon premier rendez-vous ne va pas tarder à arriver, je sens ses vibrations avant même de l'avoir au téléphone. Cet homme a perdu son père. Il a pris rendez-vous avec moi il y a quelques semaines, je lui ai envoyé un mail avec des questions un peu plus précises. Il ne savait pas vraiment dans quel but il avait fait la démarche de venir à moi, il était tout simplement perdu, incapable de faire son deuil. Il a clairement besoin de réponses, mais n'arrive pas à formuler ses questions. Je le conçois, c'est perturbant... l'inexplicable. Toutefois, il est venu jusqu'à moi, ce n'est pas un hasard, il sait que je peux l'aider. Lors de notre échange, son côté « pragmatique » m'a intriguée. Il évoquait son père, décédé dans des circonstances troubles. La médecine ne lui ayant pas apporté l'explication dont il avait besoin, il a décidé de chercher ses réponses ailleurs. Il était tout à fait courtois, mais je sentais bien, à travers ses mots, qu'il était très cartésien et qu'il ne croyait pas vraiment en mes capacités extrasensorielles, ma médiumnité. C'était un peu pour lui, le « rendez-vous de la dernière chance ». Percevant nettement son désespoir, j'ai décidé de le contacter à mon tour et de lui confirmer le rendez-vous, c'est de cette manière que j'ai l'habitude de procéder. Il m'a répondu de façon précise et concise en me fournissant uniquement les informations dont j'avais besoin, sans en faire plus. Je sentais qu'il attendait que je le guide, peut-être même que je décide pour lui.

Son « dossier » est aujourd'hui sur mon bureau : une photographie récente de son père me suffit. Le défunt sait que je m'intéresse à lui et qu'il peut venir à moi. J'espère que la chance sera de notre côté lors de notre rendez-vous. Non. Je sais bien qu'il ne s'agit pas de chance, je sais aussi que l'homme ne passera pas à côté de l'opportunité de pouvoir s'exprimer. Je jette un dernier coup d'œil à la photographie et à mon bureau. J'ai allumé une bougie blanche, je le fais toujours, je trouve ce geste respectueux envers le défunt, il est d'ailleurs plus symbolique que réellement utile même s'il constitue pour moi un lien entre la terre et le ciel. Mon cristal de quartz est là, lui aussi. C'est un puissant vecteur d'énergie, il me permet de moins m'épuiser à la tâche, il a aussi un rôle de transmetteur d'informations. Mes autres pierres sont soigneusement disposées, mon Ganesh également. Je n'oublie jamais d'avoir un stylo à portée de main, les défunts se manifestent parfois à moi par le biais de l'écriture automatique. Je dois donc me tenir disponible à tout instant.

Tout est prêt, la séance téléphonique peut commencer. Je préfère cette méthode, la communication avec les défunts me demande beaucoup de concentration et d'énergie, je ne peux pas me permettre de me disperser avec quelqu'un en face de moi. J'invite le « consultant » à se détendre. Malgré mon accueil enveloppant et chaleureux, je sens qu'il ne sourit pas. Cela ne me surprend pas, j'ai l'habitude de ce genre de réaction. Il s'agit d'un homme visiblement très terre à terre, difficile pour lui de faire confiance à une inconnue qui vogue dans d'autres sphères.

– Avez-vous des questions à me poser avant que nous ne commencions ?

Il hésite, bafouille, sa voix est tremblante, son regard brille, il évite de cligner des yeux pour ne pas laisser couler ses larmes devant moi. Il est bouleversé.

– Honnêtement, je ne sais pas quoi vous dire. J'ai failli ne pas honorer notre rendez-vous. J'ai du mal à comprendre pourquoi je fais ça, je n'y crois pas et, pourtant, c'est plus fort que moi.

– Ce n'est pas la peine de vous justifier ou de vous expliquer. Je comprends ce que vous ressentez. Dites-vous que vous ne faites pas cela pour vous, mais pour votre père. Si vous êtes là où vous êtes, en ligne avec moi, c'est sûrement parce qu'il a quelque chose à vous dire.

Je sens qu'il se déride un peu, je peux maintenant lui expliquer ce qui va se passer.

– Je vais vous « abandonner » quelques minutes. Je resterai au téléphone avec vous... physiquement. Mais mon esprit sera ailleurs. J'ai besoin de me concentrer et de me détacher de la réalité. Puis, quand le moment sera venu, je vous parlerai. Il n'y aura certainement pas de grandes phrases, peut-être seulement des bribes de mots. Ce type de communication demande une très grande énergie au défunt et à moi-même. Votre père risque aussi de m'envoyer des images. Je vous dirai tout ce que je vois, tout ce que j'entends, et il faudra me dire dès que c'est susceptible de vous parler. Je ne vous connais pas, je ne le connais pas, je suis une personne extérieure à votre histoire, donc vous devrez m'aider à recoller les morceaux. Avez-vous saisi tout ce que je viens de vous dire ?

– Oui, je crois. Je vous suis.

Il semble un peu moins perplexe, mais toujours aussi stressé. Je l'imagine les mains croisées sur ses genoux, il serre fort. J'occulte sa nervosité, il est maintenant temps que je me recentre. Je ferme les yeux, j'inspire puissamment et je souffle un grand coup, je redonne à l'air tout ce qui ne m'est pas utile. Je dois à présent faire en sorte que ma conscience s'envole, que mon cerveau se mette sur « off ». Mon rythme cardiaque s'apaise, je me sens proche de *l'état alpha*. Je suis éveillée, mais mes ondes cérébrales ralentissent pour laisser davantage de place à mes sens. Ma perception doit être maximale ; pour cela, il faut que je m'oublie complètement. Je n'ai plus la notion du temps mais j'estime que plusieurs minutes se sont passées, dans le silence le plus total. Je discerne quelque chose ou plutôt quelqu'un, autre que mon consultant. Je commence à capter une présence, nous ne sommes plus seuls. C'est très physique, ma nuque s'alourdit, je sens comme un poids dans mon dos. C'est lourd, ça me fait mal et quelque chose m'a brusquement tirée en arrière. Je dois en parler à mon consultant. Son père est bel et bien avec nous et il veut me faire ressentir sa douleur, la violence de ce qu'il a vécu. Je redoute souvent d'être confrontée à ces douleurs « fantômes », nous sommes en plein dedans.

– J'ai basculé en arrière, ma nuque et mon dos sont très douloureux. Si c'est bien votre père avec nous, il me décrit un accident. Il est tombé, c'était violent. J'ai si mal au crâne... Sa tête a dû heurter quelque chose de très dur.

L'homme m'écoute avec attention, j'entends sa respiration, il semble choqué, mais ne dit mot.

– Vous me confirmez ? Il est tombé en arrière ? Il a subi un choc à la tête ?
– Oui.

Il se met à pleurer. Je lui laisse un peu de temps pour reprendre ses esprits et il me raconte ce qu'il sait.

– Mon papa était très sportif. Il est parti en montagne pour une randonnée, comme il le faisait régulièrement. Il a été porté disparu, il y a eu des recherches, de nombreux moyens déployés pour tenter de le localiser. Ce n'est que plusieurs jours plus tard que son corps a été retrouvé. A priori, il a trébuché, il est tombé dans le vide et sa tête a percuté un rocher.

Son récit colle parfaitement à mes perceptions. Je vois la nature, beaucoup de verdure, et je ressens de la fraîcheur, je vois à travers SES yeux.

Mon consultant ne retient plus ses larmes. Le moment est difficile pour lui et pour moi, je suis très sensible et je sens son chagrin m'envahir. Mais il ne faut pas que je me déconcentre. Son père a des choses à lui dire, je suis là pour eux, je suis leur moyen de communiquer, leur passerelle, je ne peux pas m'arrêter là.

– Votre père me dit de vous dire que sa mort a été très choquante pour lui, mais qu'aujourd'hui tout va mieux, il se sent bien là où il est. Il dit aussi qu'il a eu une belle vie et que, malgré cette fin tragique, il ne regrette pas d'avoir fait cette ascension. Il était un homme sportif et la montagne était sa passion. Je ressens d'ailleurs que votre papa avait la niaque, avec toujours cette envie de dépasser ses limites.

Il continue de pleurer, il ne se contient plus et se laisse aller. Entre deux sanglots, il me pose enfin sa question.

– Mais je ne comprends pas. Comment a-t-il pu avoir cet accident ? Il connaît ce type d'ascension par cœur, alors pourquoi est-il tombé ?

Je suis bouleversée par tant d'émotions. Je ressens la peine de ce pauvre homme et celle de son défunt père. Ces deux-là s'aiment si fort, leur amour et leur tristesse d'être séparés se mêlent à travers mon corps. Je sens mon cœur se serrer, et mon dos et ma tête me font toujours terriblement mal. Le papa veut répondre à son fils. Je me ressaisis et me fais de nouveau leur intermédiaire.

– Sa chute est due à une petite seconde d'inattention. Il a perdu l'équilibre, le poids de son sac l'a entraîné en arrière et il est tombé.

À ces mots, je le perçois en train de couvrir sa bouche pour tenter de contenir ses spasmes. Il est en larmes, il a la réponse qu'il attendait depuis toutes ces semaines. Son père est mort pour une seconde d'inattention, mais il ne regrette rien, il était en train de faire ce qu'il aimait plus que tout. En s'exprimant aujourd'hui à travers moi, il a permis à son fils de commencer son deuil, une bonne fois pour toutes. Il m'a tout montré, je sens que je le « perçois » moins, il va partir, certainement dans un court instant. Cet instant précis m'étonne toujours, je ressens comme une fuite. Certains défunts ne parviennent pas à rester trop longtemps. Lui, a fourni une énergie impressionnante, presque palpable. Je l'ai senti se mettre en phase avec moi, descendre sur mon plan vibratoire. Il s'est autant adapté à moi que je me suis adaptée à lui. Cette connexion est puissante, et puis... de moins en moins. Le temps est venu de se dire au revoir. Ça y est, sa présence s'est évanouie. Il est temps pour son fils de partir à son tour, de raccrocher, les yeux certainement rougis et toujours embués de larmes.

Je pleure moi aussi, bouleversée par la force de cet échange, par l'âme de cet homme, par son immersion dans mon corps et la fusion des énergies. J'ai du mal à me relever, il me faut plusieurs secondes, puis je dis péniblement au revoir à mon consultant, d'une voix douce, rassurante et compatissante. Je sais qu'il restera de longues minutes devant son téléphone à repenser à ce qui vient de se passer avant de reprendre sa journée normalement. Après un dernier « au revoir », je raccroche, je suis comme ivre, j'ai besoin de m'allonger. Cette séance était très forte, le « papa montagnard » est parti, mais il a emporté toute mon énergie avec lui. Je suis... vidée, émotionnellement et physiquement. Je sais que je n'ai pas le choix, je vais devoir annuler mes autres rendez-vous de la journée. Cette matinée était tellement intense, il me faudra des heures pour m'en remettre. Je dois m'asseoir quelques minutes, revenir sur terre, me reconnecter, m'ancrer solidement dans le sol. Puis je me relève, doucement, je me prépare une tisane, j'ai besoin de repos et de m'isoler surtout. Je me traîne tout le reste de la journée, je n'ai même pas la force de me faire à manger. Une bonne nuit de sommeil me permettra de repartir du bon pied demain même si... le sommeil et moi, c'est toute une histoire !

Le lendemain matin pourtant, il est vrai que je me sens bien mieux, revigorée. Je prends tranquillement mon petit déjeuner en préparant mon planning de la journée. Je ne peux m'empêcher de penser à mon consultant de la veille, il a quitté la conversation complètement chamboulé. Justement, une notification sur mon téléphone me fait réagir, j'ai reçu un nouveau mail, il vient de lui. Je l'ouvre, il est nettement moins froid que le précédent. Il me dit à quel point ce moment a été éprouvant, qu'il en a été « retourné », et il termine en me remerciant, encore et encore, cet échange lui a fait du bien, il a enfin le sentiment d'avoir trouvé la paix. Ce retour ne pouvait pas me faire plus plaisir. Moi aussi j'ai souffert hier, j'ai ressenti la douleur, le chagrin, mais j'ai fait du bien à au moins deux personnes, je leur ai permis de trouver la paix. C'est le but de ma vie aujourd'hui. Si j'ai décidé d'écouter et de respecter mon don, c'est avant tout pour les autres, pour ceux qui ont besoin d'aide et de réponses. Je souris, oui, ce sera encore une belle journée.

CHAPITRE II

PREMIERS SIGNES, L'ENFANCE FACE À LA MORT

Mon quotidien pourra vous paraître incroyable et, pourtant, c'est bien ma vie. Épuisante, mais tellement épanouissante. Je vis pour les autres, je mets ma médiumnité à leur service, c'est ce que le Ciel attend de moi, c'est ma mission sur terre. J'aurais juste aimé le comprendre plus tôt...

La gestion de ces capacités extrasensorielles n'a pas toujours été aussi simple... Si tant est que l'on puisse dire que c'est simple ! Je ne l'ai tout d'abord pas compris. Je suis passée par toutes les phases, j'ai cru que j'étais folle, malade même, j'ai dû me taire, j'ai pleuré, crié, apprécié, détesté. J'ai même été convaincue pendant des années que la vie n'était tout simplement pas faite pour moi. En réalité, il fallait juste que je prenne conscience de ma relation avec la mort pour vivre pleinement.

J'ai compris, quand j'étais toute jeune, que je n'étais pas une petite fille comme les autres. J'étais une enfant très sensible, avec toujours cette impression d'avoir les sens plus développés que les autres personnes de mon entourage. J'étais persuadée de voir mieux que tout le monde, d'entendre le moindre bruit, j'éprouvais des sensations étranges sur lesquelles il m'était impossible de poser des mots. Cela pouvait même être source d'angoisse. Je recherchais l'apaisement dans la nature. J'aimais toucher les arbres, je m'imprégnais de leur force, je pouvais m'émerveiller devant une fleur, une abeille, un coucher de soleil. « Une vraie fille de la campagne », comme disait ma mère. Elle avait raison, la nature était un moyen de me trouver, de me connaître, de me recentrer, j'éprouvais déjà ce besoin, loin de l'insouciance des enfants de mon âge. J'étais aussi très attirée par les animaux, plus particulièrement les chevaux, j'ai fait de l'équitation en club pendant quelques années. Je savais qu'ils me comprenaient, pas besoin de trouver des mots ou faire semblant d'être de bonne humeur comme avec les humains. Un regard suffisait à poser dix mille émotions ! C'était peut-être cela, le problème... Je m'entends bien mieux avec les animaux qu'avec les gens de mon espèce ! Mon poney s'appelait Calypso, c'était un Shetland, il fut ma première grande histoire d'amitié. Calypso m'apportait de la joie, de l'apaisement, il parvenait en quelques minutes à me faire oublier une dure semaine d'école. Heureusement qu'il était là car oui, l'école, c'était une épreuve pour moi, tant sur le plan des cours que sur le plan relationnel. Je ne m'y sentais pas à ma place. Peut-être aurais-je pu m'y faire si je n'avais pas été confrontée très tôt à la médiocrité du comportement humain. Je n'avais qu'une véritable copine. Lucie et moi nous connaissions depuis la maternelle. Elle était comme moi, timide, introvertie, nous semblions faites pour nous entendre. Et nous nous sommes retrouvées en primaire. Nous n'allions pas souvent jouer l'une chez l'autre, cela n'enlevait rien à notre lien. Elle était celle qui me donnait envie d'aller à l'école. J'aimais particulièrement le moment du goûter, nous discutions de notre journée dans un coin retiré de la cour. Elle me donnait parfois un petit paquet de chips, je trouvais l'attention adorable. Mais, du jour au lendemain, elle devint plus distante, ne prit plus son goûter avec moi, je ne comprenais pas. Tout s'éclaircit lorsque ma mère me donna l'explication. Les parents de Lucie étaient venus la voir pour lui parler de moi, ils étaient en colère.

Lucie avait raconté que je l'obligeais à m'apporter un paquet de chips supplémentaire chaque jour pour le goûter. Je n'en crus pas mes oreilles. Comment pouvait-elle inventer une telle histoire ? Comment pouvait-elle tout simplement mentir ? Et dans quel but ? C'était ma première déception affective, j'en ai pleuré... des heures... Je ne comprenais pas le mensonge ni la méchanceté. Ce sont des notions que je n'ai jamais pu intégrer. Cet épisode peut vous sembler tout à fait banal, anecdotique, mais il représente tout ce que je suis incapable d'assimiler chez l'être humain et il m'a beaucoup marquée. Ma manière d'appréhender le monde et mes semblables fut différente à partir de ce jour-là, très compliquée aussi. Ce ne fut pas la seule conséquence : j'étais désormais vraiment toute seule à l'école, isolée. Je n'osais plus parler, je n'allais pas vers les gens et, forcément, on se moquait de moi. Tout le temps. Je me rappelle encore ce petit groupe de filles qui m'avaient prise pour cible, elles m'insultaient, me persécutaient, c'était mon lot quotidien. Je me suis même battue avec l'une d'entre elles. Oui, moi, cette petite fille si douce et si discrète ! Finalement, devais-je vraiment leur en vouloir ? Elles n'étaient que des enfants, elles sentaient mon manque de confiance, c'était tellement facile – presque évident pour elles – de s'en prendre à moi. Et pourtant, elles me faisaient me poser mille questions sur le comportement humain, ce qu'elles faisaient, ce qu'elles étaient n'avait aucun sens, aucune logique pour moi. Il y avait, comme dans tous ces groupes de « jeunes filles populaires », une cheffe de bande, la plus jolie, la mieux habillée, la plus autoritaire et méchante aussi. Et je me demandais : « Mais pourquoi tout le monde la suit ? Quel privilège gagnent ses copines à faire comme elle ou à lui obéir ? » Je trouvais cette attitude complètement incohérente, inexplicable, surtout pour une fille comme moi, déjà tellement indépendante à mon âge.

J'étais donc une enfant à part, constamment dans la lune, mais je préférais rester dans mon coin plutôt que fréquenter des personnes qui ne me ressemblaient pas. Je n'avais que peu de loisirs communs avec ceux de mon âge. Je les regardais parfois s'exciter sur certains jeux dans la cour de récréation, il ne me serait jamais venu à l'idée de les rejoindre et d'y participer. Je trouvais leurs jeux tout à fait débiles. Et je me demandais en boucle : « Mais pourquoi jouent-ils à cela ? Ça n'a aucun intérêt ! » Je ne me sentais vraiment pas à ma place. Ce n'est pas que j'y mettais de la mauvaise volonté, bien au contraire, j'essayais de comprendre ce qui plaisait à tous ces enfants, je voulais être comme eux, mais cela m'était impossible. Ils m'ennuyaient, ne m'intéressaient pas, je me sentais vraiment trop différente d'eux. Et ils pouvaient être tellement méchants ! Ils prenaient un malin plaisir à se choisir des têtes de Turc. Comme Maxence. C'était un petit garçon que je côtoyais en classe de CE2. Il était en surpoids et l'on voyait bien que ses parents n'avaient pas beaucoup d'argent, il arrivait à l'école avec des vêtements abîmés, des chaussures percées, et il ne sentait pas très bon. Comme si cela ne suffisait pas, il vivait un véritable calvaire lors des récréations, l'un des jeux préférés de ses « camarades » était de l'insulter, de l'isoler, de se moquer de lui. Leur attitude était d'une telle cruauté, cela m'était insupportable, j'étais la seule à lui parler, mais mes mots n'étaient d'aucun réconfort pour lui qui vivait l'enfer chaque jour. Plus les jours passaient, plus je me disais que je n'avais rien à faire là, je n'ai jamais eu envie de rire des autres, et assister à ce genre de scènes me touchait déjà profondément. Le milieu scolaire était pour moi une guerre permanente, il fallait se battre pour exister, pour se faire une place, pour se faire respecter. Je n'étais pas du tout comme ça, je n'y trouvais aucune, mais vraiment aucune, satisfaction.

Je me rattrapais le soir, en rentrant chez moi. Je retrouvais le cocon familial avec ma mère, mon frère et les animaux évidemment. Je me sentais bien chez moi, mais j'avais toujours cette sorte de poids dans la tête, comme un nuage lourd qui m'empêchait d'être tout à fait connectée à la réalité. Mon entourage croyait que je rêvassais, mais ce n'était pas le cas, j'étais juste... ailleurs. Il y avait toujours plein de choses dans ma tête, elle ressemblait à un grand tiroir en fouillis, celui où l'on pose toutes ses affaires en rentrant chez soi. Par conséquent, j'avais de grands problèmes de concentration, j'étais dissipée, je ne savais évidemment pas encore que ces événements étaient liés à ma médiumnité. À cette époque, il s'agissait plutôt d'une source de problème. J'avais du mal à suivre les consignes en classe, pas par insolence mais simplement parce que j'en étais incapable. Prenons l'exemple de la lecture. Lire un texte dans sa tête ? Impossible pour moi ! Il y avait toujours une image ou un mot improbable qui se présentait devant mes yeux, m'empêchant de terminer ne serait-ce qu'une toute petite phrase ! Je devais relire plusieurs fois la même page pour comprendre. Je faisais beaucoup d'efforts, mais cet exercice m'était irréalisable. J'ai eu recours aux services d'un orthophoniste qui trouva une solution : celle de lire à voix haute. Le son de ma voix était un réel soutien à ma concentration, il m'a sauvée. J'aimais tellement lire, combien de fois ai-je lu et relu *Le Petit Prince* d'Antoine de Saint-Exupéry ? Je le trouvais si inspirant...

J'avais décidément quelque chose qui ne tournait pas rond... Mais quoi ? Ma mère se voulait tellement bienveillante envers moi qu'elle ne s'apercevait pas de mes absences parfois. Elle aimait se dire que sa fille était une rêveuse, amoureuse de la solitude et de la nature. Ce qui était vrai aussi, en partie.

J'attendais donc impatiemment les vacances d'été pour me sortir de l'enfer scolaire durant quelques semaines. Nous partions régulièrement en Auvergne, dans la maison de la mère de mon beau-père. Qu'est-ce que j'aimais cet endroit, le décor était digne de celui de *La petite maison dans la prairie*. Ça sentait bon les fleurs, le foin, les animaux, j'étais comme un poisson dans l'eau, du moins la journée. Le soir, c'était une autre histoire. La maison était agréable à vivre, mais du fait de son ancienneté, elle me faisait parfois un peu peur. Elle était en pierre, charmante de l'extérieur, elle pouvait paraître un peu vieillotte, à l'intérieur, le carrelage était sombre, un peu similaire à de vieilles tomettes. Les meubles étaient anciens, en bois foncé, la décoration était elle aussi datée, j'ai en mémoire ce fer à cheval dans l'entrée, censé porter chance aux habitants. Malgré tout, avant le coucher et le silence, l'ambiance y était conviviale, nous mangions sur des bancs autour d'une grande table en bois, comme les tables de pique-nique des aires d'autoroute, de quoi se sentir pleinement en vacances.

J'étais bien moins enthousiaste quand venait l'heure d'aller au lit. Je dormais souvent à l'étage, non loin de mon frère. Mais au cours de ces vacances, alors que j'avais cinq ou six ans, pas plus, je dus dormir à côté de la cuisine, certainement pour un problème de place. Je me retrouvai dans une chambre toute petite. Elle n'avait pas de rideaux et comportait un bureau modeste et deux petits lits dotés d'imposantes têtes de lit en bois. Ils étaient l'un en face de l'autre. Je dormais donc en face d'un lit vide, tourné vers le mien. Croyez-moi, il y a mieux pour se sentir en confiance ! Je mettais beaucoup de temps à m'endormir, j'entendais tout le monde ronfler avant de fermer le premier œil. Et puis, le bruit des ronflements était bien vite couvert par le grincement du bois. Tout craquait, des meubles au bar en passant par l'escalier, le rythme était terriblement régulier comme si quelqu'un passait son temps à marcher d'une pièce à l'autre tout au long de la nuit. Je me faisais des scénarios effrayants alors que le matin, au lever du jour, évidemment, tout allait bien. Jusqu'à ce soir-là.

Après avoir passé un chaleureux moment en famille, il était temps d'aller se coucher. Encore une fois, je redoutais ce moment et je n'avais que moyennement envie de me retrouver toute seule dans cette chambre accolée à la cuisine. Je me couchai et tentai de penser à quelque chose d'agréable, aux animaux que j'allais retrouver le lendemain, aux belles balades que nous ferions au cœur des bois. Mais je n'arrivai toujours pas à tomber dans les bras de Morphée. À travers la fenêtre, j'assistais au ballet inquiétant de l'ombre des arbres créée par la lumière de la lune. Je me sentais regardée, surveillée même, mais j'avais beau vérifier, j'étais bien seule. Le sommeil finit par m'emporter. Le matin, je me réveillai en sursaut. Il y avait de l'agitation dans la cuisine, tout le monde était visiblement levé et il flottait une bonne odeur de pain grillé. J'ouvris doucement un œil, puis l'autre, et me redressai dans mon lit. Mon regard s'est aussitôt porté sur le lit en face du mien. Je n'étais pas toute seule dans la chambre. Une vieille dame était en face de moi, allongée dans le lit, le dos appuyé sur la tête de lit. Je clignai des yeux très fort et encore plus fort, mais elle ne disparaissait pas, pire, elle me regardait, sans dire un mot. J'en eus le souffle coupé puis, d'un coup, je sautai hors de mon lit, me mis à courir, j'ouvris brusquement le rideau qui séparait ma chambre de la cuisine et tombai directement sur ma mère en train de préparer le petit déjeuner.

– Maman, il y a une dame dans ma chambre !
– Bonjour, ma chérie, calme-toi, qu'est-ce que tu racontes ?
– Je te jure, il y a une grand-mère dans l'autre lit !
– Mais non, il n'y a personne d'autre que nous ici.

Je voyais bien qu'elle riait à moitié. Je retournai dans la chambre pour lui montrer. Effectivement, la vieille dame n'était plus là. En tous les cas, je ne la voyais plus.

– Alors, tu vois bien, il n'y a personne ici !

J'insistai.

– Mais si, je l'ai vue comme je te vois ! Elle était là à mon réveil !

– Tu as dû rêver, tu devais être encore dans un demi-sommeil.
– J'étais complètement réveillée, je ne l'ai pas inventée !

Elle ne me croyait pas, cela ne servait rien de continuer à me justifier. L'espace d'un instant, je me demandai si elle pouvait avoir raison. Avais-je vraiment rêvé ? Non, c'était impossible. Tout était trop précis, je me souviens de sa robe de chambre de « mamie », de son visage, de ses cheveux blancs courts et de sa mise en plis. Son image m'obséda toute la journée, c'était comme si elle était « venue » me voir, personnellement, et je me rappelle son regard, elle savait très bien que je la voyais. Je me demandais qui elle pouvait être, certainement l'ancienne propriétaire de la maison ou quelqu'un qui avait vécu ici. C'était une dame qui avait l'habitude d'être dans cette pièce, c'était sûr, elle connaissait bien la maison et elle n'était probablement pas... vivante !

J'étais sous le choc de cette vision, d'une part, mais j'étais aussi particulièrement troublée par la réaction de ma mère. J'étais profondément blessée qu'elle ne m'ait pas crue. Je savais très bien faire la différence entre l'imaginaire et la réalité, et ce que j'avais vu, c'était bien réel. Toute la journée, je me sentis mise à l'écart, isolée. Une question tournait en boucle dans ma tête : « Pourquoi écoute-t-on les adultes et pas les enfants ? » Je ne savais pas encore qu'elle rythmerait plusieurs années de ma vie. Je savais que j'avais des capacités particulières, je ressentais beaucoup plus de choses que les autres, mes sensations étaient toujours décuplées, mais l'incompréhension de ma mère et des adultes en général m'avait refroidie. Plus le temps passait et moins je m'écoutais. Je mis cela de côté, je décidai de garder cette vision dans un coin de ma tête et de ne plus en parler, mais les événements allaient bien vite me rattraper. Les vacances se poursuivaient dans la bonne humeur, mais j'étais ailleurs, j'avais même hâte de rentrer chez moi.

Fin août, nous étions de retour. Nous vivions dans une vieille maison en région parisienne. J'étais heureuse de retrouver mes jouets, ma chambre, mes occupations. Je peignais beaucoup, ma mère m'achetait des petites toiles affublées de croquis à compléter à l'aquarelle. Je pouvais y passer des heures, cela apaisait mon esprit, c'était d'ailleurs la seule activité sur laquelle je parvenais à me concentrer. Puis la rentrée scolaire arriva vite, avec les angoisses qui l'accompagnaient, la solitude en classe, la peur d'être interrogée. Bref, j'étais heureuse de rentrer à la maison le soir ! Je faisais mes devoirs, nous dînions, et puis... arrivait l'heure d'aller se coucher. C'était toujours un moment difficile pour moi. J'essayais de temps à autre de me cacher derrière le canapé dans lequel se trouvaient ma mère et mon beau-père afin de regarder la télévision au-dessus de leurs épaules. Cela ne marchait pas à tous les coups, j'étais rapidement sommée de regagner mon lit. Mais moi, je savais ce qui arrivait quand j'étais dans mon lit et je n'avais vraiment pas envie de le vivre, encore et encore, je repoussais le moment. Mes nuits étaient agitées à cette époque-là.

Mon mal-être a commencé par des réveils en sursaut en pleine nuit, je me redressais et me sentais observée. Je n'étais pas seule, même si toute la maison était endormie. Et puis arrivait le réveil, moment tout aussi redouté que le coucher. Je me disais toujours : « Que vais-je voir si j'ouvre les yeux maintenant ? » Eh bien, c'était toujours la même chose, il y avait quelqu'un au pied de mon lit. La plupart du temps, il s'agissait de la même dame. Je l'appelais la sorcière, j'étais persuadée qu'elle en était une, sans doute à cause de son apparence particulière. Sa tenue était très sombre, peut-être même toute noire, elle avait un nez pointu. Dès que je la voyais assise au pied de mon lit à me regarder, je me cachais sous la couette, le temps qu'elle disparaisse. Nous n'échangions pas, il n'y avait pas de dialogue. Je me posais des tonnes de questions. Pourquoi ne me parlait-elle pas ? Je ne connaissais pas cette femme, pourquoi était-elle là ? Me voulait-elle du mal ? Elle me terrifiait et je savais bien que je ne pouvais pas en parler. J'avais compris que personne ne me croirait. Jamais. Alors, je gardais tout pour moi et je restais avec mes peurs. J'avais peur, oui, parce que je ne comprenais pas ce que c'était. J'essayais chaque jour de me convaincre que ce n'était qu'un rêve. Au fond de moi, je savais que je me mentais à moi-même, mais je n'étais qu'une petite fille, que pouvais-je me dire d'autre ? Après ces visions, je parvenais rarement à me rendormir et je traînais tellement le soir que je me couchais très tard, j'avais si peur d'être seule dans mon lit...

J'arrivais à l'école totalement épuisée, ce qui n'arrangeait rien à mes problèmes de concentration. Mes parents étaient plutôt bienveillants envers moi, avec la volonté de m'encourager plutôt que de me punir, mais il fallait reconnaître que mes bulletins scolaires n'avaient rien de très glorieux. Les commentaires se suivaient et se ressemblaient : « Mégane est dans la lune », « Mégane n'est pas avec nous », « Mégane ne participe pas... » J'étais toujours aussi timide, c'en était presque maladif, le simple fait d'aller chercher du pain à la boulangerie me tétanisait ! Je vous laisse donc imaginer mon angoisse lorsque les professeurs me demandaient d'aller au tableau. Mes mains devenaient moites, je transpirais, j'étais extrêmement mal à l'aise et je peinais à m'exprimer. Je souffrais d'une forme de dyslexie avec une difficulté à mettre les mots dans l'ordre. Je me sentais ridicule à l'oral, tout se mélangeait dans ma tête. L'une de mes plus grandes angoisses tenait en un mot : exposé. Je ne pouvais pas y échapper, évidemment. Je préparais les exposés avec le plus grand soin, je me disais toujours : « Je vais faire de mon mieux. » Et c'est ce que je faisais, je déployais des efforts considérables avec la volonté de me dépasser pour montrer de quoi j'étais capable. Le jour de la présentation, j'étais bien souvent au bord du malaise, je me sentais analysée, jugée, je voulais être toute petite, j'expliquais mon travail avec un mince filet de voix, ce qui me valait une nouvelle fois d'être moquée par mes « camarades ».

À l'écrit, c'était déjà plus simple, je m'en sortais, plutôt bien même, mais je ne pouvais pas passer ma vie cachée derrière mes cahiers, encore moins si c'était dans le but d'apprendre des tables de multiplication ou des leçons par cœur. Je ne pouvais pas apprendre quelque chose par cœur. Cela n'avait pas de sens pour moi, je voulais « comprendre », « pas retenir ». Ces notions d'éducation me faisaient me poser, déjà toute jeune, des questions existentielles. « À quoi ça sert ? », « en quoi cette leçon sera utile à ma vie d'adulte ? », « quelle est la signification profonde de ce mot ? », « qui a inventé les mathématiques et dans quel but ? » Mon esprit fourmillait d'interrogations sans réponses. C'est peut-être pour cette raison que je donnais à mes professeurs l'impression de divaguer parfois. Je me sentais si mal en classe, pas à ma place. Comme ce jour où une professeure me demanda de venir au tableau, elle voulait m'interroger en calcul. Cela n'a pas loupé, j'étais si déstabilisée que je laissai échapper une mauvaise réponse. Elle aurait pu m'encourager et m'expliquer, mais non. Elle préféra me désigner le seau posé au sol, destiné à nettoyer le tableau noir, et elle me dit : « Mégane, vous êtes sotte comme ce seau. » Je me souviendrai toute ma vie de cette phrase et des éclats de rire qui fusèrent dans la classe. C'était un fait, j'étais nulle en maths, mais un professeur ne doit-il pas soutenir son élève et lui donner des clés pour s'améliorer ? L'humiliation était-elle vraiment nécessaire ? Il m'était impossible dans ces conditions d'acquérir de l'assurance à l'école et dans ma vie en général. Je ne me sentais pas en phase avec ce monde.

Je décidai un jour de parler sérieusement de mes interrogations avec ma mère. Elle était évidemment très à l'écoute, mais il n'était pas question que je lui révèle « tout », c'est-à-dire les visions, cette impression de ne jamais être seule. Je lui confiai alors mon mal-être, mes difficultés à trouver ma place, à m'épanouir, ma fatigue constante, la force de mes émotions. Elle me prit rendez-vous chez une psychologue à Paris, j'avais quatorze ans. C'était une femme accueillante, gentille, mais qui ne trouva rien d'anormal dans ma personnalité. Elle dressa un bilan de la séance à ma mère, lui disant que je n'avais aucun souci particulier, que j'étais une jeune fille très intelligente et qu'il fallait simplement « laisser faire les choses ». Voilà. Soixante euros dépensés pour que ma mère entende : « Votre adolescente est une adolescente en crise d'adolescence qui ne sera plus adolescente lorsqu'elle deviendra adulte. » Je devais donc me débrouiller toute seule pour trouver des compensations, des choses qui m'animaient.

Seuls les arts plastiques me permettaient d'être moi-même, j'étais d'ailleurs l'une des meilleures élèves. Les peintures, collages, aquarelles et différentes réalisations me permettaient de m'exprimer et je savais que je serais tranquille pendant au moins deux heures, personne n'allait pouvoir se moquer de moi, j'étais dans mon élément. J'avais un bon coup de crayon, j'adorais dessiner, je me lâchais, je fonctionnais à l'instinct et cela me faisait du bien, vraiment. Pas de pression, pas de moquerie, l'esprit léger, l'art me faisait respirer à pleins poumons. Je m'intéressais tout autant à la musique qui me procurait des sensations intenses. Chaque note jouée par un instrument était pour moi le reflet d'une émotion. Une simple mélodie me parlait bien plus qu'une leçon, elle mettait des couleurs dans ma tête, je ressentais son énergie, elle créait de la lumière et des images tout autour de moi. La musique m'enveloppait tout entière et ses vibrations résonnaient en moi, celles de la basse notamment, elles m'ont toujours apaisée. Je décidai donc d'apprendre à jouer, chaque corde grattée me permettait de retranscrire un sentiment. C'était une révélation... Et une révolution aussi dans ma vie. J'avais trouvé l'objet qui m'apportait le réconfort dont j'avais besoin.

Heureusement que les arts m'accompagnaient au quotidien parce que, vous l'aurez compris, le collège fut une véritable épreuve pour moi. J'avais compris ce qui m'attendait dès mon entrée en sixième. J'étais terrifiée. J'avais peur de l'inconnu, de ce nouvel endroit, des nouveaux professeurs et, pire que tout, ma crainte principale était l'entente avec les autres élèves. Allais-je subir le même sort qu'en école primaire ? J'en étais persuadée. Je savais que j'allais être mise de côté, prise pour une

« marginale ». Combien de fois ai-je entendu ce mot pour me qualifier... J'eus toutefois l'agréable surprise de rencontrer quasi immédiatement une jeune fille qui devint rapidement mon amie même si ma propension à accorder ma confiance était très relative. Finalement, cela se passait correctement, je m'intégrais, je parlais, « on » me parlait, j'étais même invitée à des fêtes et je souriais ! Bizarrement, je me sentais aussi moins fatiguée, mes nuits étaient plus calmes, mes angoisses s'évanouissaient. Et il n'y avait plus personne au pied de mon lit le matin. Mes visions me lâchaient, plus de sorcière, plus de vieille dame, plus de gens inertes au milieu des vivants. J'avais toujours des manifestations étranges que je ne parvenais pas à expliquer, j'entendais des voix distinctement, des ombres se dessinaient parfois devant moi, mais je n'avais plus de visions claires. J'avais l'impression, peu à peu, de retrouver la raison, de devenir enfin une jeune fille « normale », peut-être simplement un peu plus sensible que les autres. Je ressentais une forme d'espoir quant à l'avenir, pour la première fois, je me mis à croire en la vie.

Oui, j'étais heureuse. Et puis, il y avait ce garçon... Il me plaisait beaucoup et grâce à lui, je réussis à vaincre ma timidité pour la première fois. Je me rapprochais de lui, doucement, jusqu'au jour où j'allai le voir pour lui dire que j'étais amoureuse de lui. Et voilà, en quelques secondes, il était devenu mon petit copain. J'étais si heureuse, nous nous tenions par la main, nous nous embrassions à la récréation mais, un jour, il m'annonça qu'il ne m'aimait plus et qu'il me quittait. Le monde entier s'écroula autour de moi, pendant des jours je pleurais toutes les larmes de mon corps, jamais je n'avais ressenti une telle souffrance, c'était d'une violence, d'une force. Je voyais bien que je ne vivais pas quelque chose de « normal ». J'avais déjà vu mes copines subir des chagrins d'amour, mais en ce qui me concerne, mes sentiments, ma douleur étaient multipliés par mille. Et je me souvenais que lorsque ce garçon était encore mon petit copain, mon bonheur et mon euphorie étaient, eux aussi, multipliés par mille. Je planais et, les jours d'après, je me retrouvais à broyer du noir avec les pires pensées du monde, c'était horrible. Je ressentais trop les choses. J'étais seulement en cinquième et déjà en train de faire un bilan de ma vie.

En rentrant chez moi un soir, j'étais désespérée, en proie à toute cette souffrance, je pris une lame de rasoir et je commençai à me mutiler, je me tailladai les poignets. Cet acte me donnait l'impression d'extérioriser ma douleur intérieure par le biais d'une douleur physique, c'est bien cela, je croyais que cette douleur sortait quand je coupais ma peau. Les blessures étaient superficielles, pas profondes, mais cela me faisait du bien de me faire du mal. Ma petite lame ne me quittait plus, je la plaçais même le matin dans ma trousse d'école. Afin d'être sûre que l'on ne me pose aucune question, je portais de grands gilets avec de longues manches qui cachaient mes poignets. J'en étais certaine, personne ne pouvait se douter de ce que je m'infligeais. D'autant plus que je ne voyais pas cela comme une manifestation de ma détresse. Avec le temps, je parvenais à oublier ce garçon, je devenais simplement peut-être un peu plus méfiante, je ne voulais pas retomber amoureuse, cela faisait trop mal. Je me protégeais comme je le pouvais, je profitais de mes amis qui m'apportaient beaucoup de moments de plaisir, de bonheur. Pour la première fois, je me sentais vraiment entourée, j'avais une famille en plus de celle que j'avais à la maison et ça, ça me faisait vraiment du bien. Je me voyais évoluer dans le bon sens, et surtout, je n'étais plus seule... Même si ma petite lame ne me quittait jamais...

CHAPITRE III

QUI SUIS-JE ?

Toujours ces voix dans ma tête... Je n'osais pas demander à mes amies si elles vivaient la même chose. Je crois que je me doutais de la réponse. Je qualifiais cela de voix, mais était-ce vraiment cela ? Je n'en suis pas certaine. Le terme « voix dans la tête » me faisait penser à Jeanne d'Arc ou aux sorcières que l'on pourchassait avant de les faire brûler sur un bûcher. Je ne pouvais pas dire que des gens parlaient à l'intérieur de mon cerveau. Il s'agissait plutôt de sons, de mots improbables m'arrivant de-ci, de-là. Je pouvais être assise, tout à fait détendue, calme, à ne penser strictement à rien, et d'un coup, des mots se bousculaient dans mon esprit sans que je puisse comprendre ou expliquer pourquoi. Plusieurs fois, je tentai de me renseigner via Internet. Dans le moteur de recherche, je tapais des mots-clés ou des expressions comme « voix dans la tête », je tombais directement sur des diagnostics de troubles de la personnalité, de bipolarité, même de schizophrénie. Je savais que cela ne me correspondait en rien, je n'entrais dans aucune de ces cases. Les résultats de mes recherches me confortaient dans l'idée que je ne pouvais en parler à personne. Et puis, ce n'était pas mon genre de me confier. Même si j'étais doucement en train d'acquérir une vraie vie sociale, je ne changeais pas pour autant. Ma nature restait prédominante, j'étais toujours un peu timide, j'aimais rester dans mon coin, j'étais observatrice, silencieuse la plupart du temps, je regardais les autres, leur façon d'agir, de parler, de se comporter mais, en aucun cas, je ne parlais de ma vie privée, de ce que je pensais ou de ce que je pouvais ressentir. De toute manière, je n'aurais jamais pu condenser toutes les idées qui fusaient dans mon cerveau à chaque seconde !

Je me considérais comme quelqu'un d'à part, mais je faisais tout pour « entrer dans le moule », je me disais souvent que je venais probablement d'une autre planète, je m'en accommodais, je n'avais pas le choix. Pour ne plus « entendre », je m'occupais à outrance, j'évitais tous les silences, je ne pouvais m'endormir qu'avec de la musique. J'avançais tranquillement de mon côté et me nourrissais de l'affection de mes proches.

Un après-midi, mes amis et moi avions décidé d'aller nous promener dans la forêt, il faisait beau, le sol et les arbres étaient légèrement humides, tout ce que j'aimais. J'emplissais mes poumons de cet air pur, j'étais avec mes amis, j'avais le sourire. Soudain, derrière un arbre, j'aperçus une dame avec une longue robe, elle me fixait, droit dans les yeux. Je m'arrêtai de marcher pour l'observer à mon tour tandis que mes amis poursuivaient leur discussion animée. Ils passèrent à côté d'elle sans même la regarder. Je compris alors qu'ils ne la voyaient tout simplement pas. Qui était-elle ? Que me voulait-elle ? Pourquoi moi ? Je me posai ces questions un court instant, je secouai la tête comme pour m'enlever cette image et je repris ma marche. C'était sûrement mon imagination, encore une fois. J'étais créative, plus sensible que n'importe qui, ces visions devaient être le revers de la médaille, à l'instar de mes migraines. Elles étaient régulières et violentes, si fortes que je devais souvent rester couchée. Rien ne pouvait me soulager, je tombais souvent malade, j'étais tout le temps faible en réalité, une petite chose fragile. Je ne me rendais pas compte qu'il me fallait beaucoup d'énergie pour nier tous les aspects de ma médiumnité. Je ne savais même pas ce que ce mot signifiait à l'époque. Je tentais de me convaincre, jour après jour et de toutes mes forces, d'être une jeune fille comme les autres, peut-être plus fragile et en proie à des sensations et des sentiments décuplés.

Enfin, c'est que ce je me disais, c'était la seule explication plausible qui me venait en tête. Et puis, il faut dire que ces apparitions étaient devenues rares, ma nouvelle vie sociale me comblait et ne laissait que peu de place à ces « divagations ». Ma scolarité se déroulait bien mieux que les années précédentes même si j'avais toujours ce manque de concentration flagrant. Mes professeurs s'en étaient rendu compte et, à la fin du collège, ils m'invitèrent à réfléchir sérieusement à mes futures études. Selon eux, le lycée serait trop difficile pour moi, ils doutaient du fait que je puisse m'accrocher. Je me retrouvais donc, à quinze ans, à devoir réfléchir à mon avenir professionnel. L'idée de quitter mes amis me terrifiait, j'avais enfin trouvé ma place dans le système, ils me portaient, me donnaient envie d'avancer, j'aurais aimé les suivre au lycée, mais il fallait bien que je me rende à l'évidence. Je n'aurais pas pu suivre. Je devais m'orienter vers une filière me permettant d'exprimer toute ma créativité. Je finis par trouver, j'obtins mon brevet mais... je dus malgré tout redoubler ma troisième ! Je n'avais une place dans mon école que l'année suivante ! Cette dernière troisième fut la saison scolaire la plus longue de ma vie, je m'ennuyais tellement ! Je me croyais dans le film *Un jour sans fin*, je revivais quotidiennement mes journées de l'année précédente et, de surcroît, sans mes amis !

La libération arriva enfin, mon inscription était effective dans une école de fleuristes. J'avais trouvé le moyen d'allier mon amour de la nature et mon côté artistique, cette imagination débordante qui me fatiguait tant lorsque je n'avais pas le loisir de l'exprimer. Je me sentis rapidement à mon aise, me fis plein de copains – notamment celui qui allait devenir mon meilleur ami – et j'avais la sensation de devenir adulte, responsable, maître de mon destin. Je m'épanouissais autant que les fleurs que j'étudiais. J'étais connectée à moi-même, à mon écoute, ce métier consistait à suivre mon intuition, et je trouvais cela extraordinaire. Même ma timidité avait du mal à lutter contre mon entrain. Les premiers jours que j'ai passés au sein d'une boutique, j'avais peur de répondre au téléphone, peur de parler à un client, ne serait-ce que pour lui dire bonjour, mais avec le temps, je devins plus avenante, je gagnais en confiance, je devenais une femme ! Mon premier maître d'apprentissage était une femme, elle était sévère, on n'avait pas droit à l'erreur. Elle me faisait recommencer, encore recommencer, toujours recommencer, des centaines de fois, jusqu'à ce que mes compositions soient parfaites. J'en pleurais, je me disais que je n'y arriverais jamais mais finalement, au prix de beaucoup d'efforts et les yeux complètement embués de larmes, je réussis à réaliser mon premier bouquet rond. Quelle fierté, la taille des roses était parfaite, homogène, je pouvais distinctement voir à travers ce bouquet ma douceur, ma sensibilité, il était une expression de moi-même. L'école et l'alternance terminées, je fus embauchée dans plusieurs belles boutiques parisiennes, dans le quinzième arrondissement, puis dans le seizième avec mon meilleur ami. Sur le papier, ma vie était parfaite. Sur le papier...

Car j'avais toujours ces sensations étranges. Je passais d'une grande tristesse à une euphorie exagérée en une fraction de seconde, comme si je n'étais pas connectée à moi-même. Je commençais sincèrement à me demander si je ne souffrais de ces fameux « troubles de la personnalité ». Comment était-il possible de n'avoir aucun contrôle sur ses propres émotions ? Tout était plus fort que moi. Mes sensations étaient exacerbées lorsque je me retrouvais au milieu de la foule. Prendre les transports en commun le matin pour aller travailler s'apparentait à un calvaire pour moi. Mon MP3 ne me quittait jamais, je mettais la musique à fond dans mes oreilles pour me créer une sorte de bulle impénétrable, pour me protéger de ce monde qui m'entourait, me faisait peur et m'agressait sans le vouloir. Je me souviens d'un matin... j'écoutais une chanson gaie, j'allais travailler avec entrain et enthousiasme, c'était une journée qui démarrait bien, il y avait même des sièges libres dans le métro ! Je m'assis près d'une dame, je ne la regardais pas, je planais au rythme de ma musique, puis je fermai les yeux. Soudain, mon cœur se serra, je sentis les larmes me monter aux yeux et un chagrin intense m'envahit. J'avais tellement envie de pleurer à ce moment précis ! Des spasmes faisaient sauter mon ventre comme des sanglots de bébé. J'ouvris les yeux pour tenter de me reconnecter à la réalité, je tournai la tête vers la dame près de moi, j'avais sans doute inconsciemment peur qu'elle me prenne pour une folle. Là, je m'aperçus qu'elle avait le visage baissé, elle regardait ses genoux, elle pleurait... en silence... J'avais absorbé sa peine comme une éponge. Ce fut un réel choc pour moi. Je savais bien que les sentiments qui me traversaient à longueur de temps ne m'appartenaient pas ! Ce n'étaient pas mes peines, ce n'étaient pas mes joies, ce n'étaient pas mes angoisses. J'avais peut-être mis le doigt sur mon réel problème, celui qui me pourrissait la vie depuis toujours : j'éprouvais les sentiments des autres ! À partir de ce moment-là, je me dis que ce n'était pas normal, il fallait absolument que j'entame des recherches à ce sujet, et c'est précisément ce que je fis. Enfin, elles furent fructueuses, j'entendis parler pour la première fois d'hypersensibilité, je déduisis que mon empathie envers les autres était surdéveloppée, presque comme si je les entendais penser. De nombreux points marquants de ma vie s'éclaircissaient peu à peu, je comprenais pourquoi les transports en commun représentaient une telle épreuve dans mon quotidien. Je pouvais me sentir très mal, puis connaître brusquement une joie extrême. J'étais envahie par les émotions des personnes qui partageaient la même rame de métro que moi. Oui, j'assimilais ce concept, mais c'était tout de même très dur à vivre et à gérer, pour ne pas dire horrible, j'étais épuisée. Toutefois, le fait de comprendre un minimum ce qui m'arrivait au moment précis où je me lançais dans la vie active me donnait un certain regain d'optimisme, un autre regard sur le futur.

Je décidai même de troquer ma petite lame de rasoir contre un autre... outil. Je me pris de passion pour le tatouage. Plus qu'une passion d'ailleurs, je ne savais pas encore que cela allait devenir une thérapie. C'était une tout autre sorte de mutilation, je me faisais piquer avec des aiguilles, cela faisait mal, il y avait du sang, mais j'étais heureuse du résultat et je n'avais aucune envie de la cacher. Mon premier tatouage fut un poisson sur mon omoplate, il était aussi moche que j'en étais fière. Je me l'étais fait faire chez une connaissance, un punk, dans une chambre de bonne à Paris. Il était aussi tatoueur que moi j'étais actrice, mais j'étais contente. Ma mère beaucoup moins. Peu importait, cela représentait beaucoup pour moi, c'en était fini de mes poignets tailladés que je devais cacher. J'avais trouvé un autre moyen d'extérioriser ma douleur intérieure. Ce mal me faisait du bien et ce qui en découlait devenait une œuvre. Je me faisais tatouer mes combats, mes messages, tout ce qui me représentait, j'adorais ça. J'aimais beaucoup les piercings aussi, mon tout premier fut au nombril, j'avais douze ans et, cette fois, ma mère était d'accord. Il s'agissait là de ma première expérience de modification corporelle. C'était quelque chose qui me fascinait : le fait de pouvoir modeler son corps à son image, en fonction de la manière dont on se voyait. En me faisant tatouer ou percer, je commençais à ME ressembler. Je me découvris également une réelle attirance pour tout ce qui était gothique. Je n'oublierai jamais ce jour de marché avec ma belle-mère... J'étais petite, encore à l'école primaire, nous avancions tranquillement entre les étals lorsque je tombai sur un groupe de jeunes de style gothique. Ils avaient la panoplie complète, manteaux longs et noirs, chaussures plates-formes. Je flashai sur leur look, je les trouvais beaux, même absolument magnifiques ! Ma belle-mère avait bien vu que je ne pouvais pas décoller mon regard de ces jeunes hommes, elle sourit et m'offrit mon premier bracelet à pics ! J'en étais ravie et cette « rencontre » a certainement forgé mon look. J'aimais m'habiller en noir et j'avais une allure vestimentaire plutôt atypique, je me plaisais comme ça.

Maintenant que j'étais « à peu près » épanouie et que j'avais enfin l'impression de commencer à me connaître, je sentais comme un côté sombre de moi qui ne demandait qu'à s'exprimer. J'étais de plus en plus attirée par le mystique, l'ésotérisme. C'était étrange, comme une fascination pour l'inconnu. Je regardais toutes les émissions télévisées relatant des phénomènes paranormaux. Lorsque nous nous réunissions avec des amis pour une « soirée cinéma », je ne m'intéressais qu'aux films sur les fantômes, les esprits. Et je me pris de passion pour une série à la mode à l'époque : *Ghost Whisperer*, avec Jennifer Love Hewitt dans le rôle principal, elle possédait une sorte d'aptitude à voir et à communiquer avec les défunts. Je ne parvenais pas à expliquer pourquoi je me sentais si proche de l'héroïne et de son quotidien. Je savais bien qu'il s'agissait d'une fiction, j'étais lucide et tentais d'être réaliste, mais je la trouvais formidable, adorable, et j'avais la sensation étrange d'avoir de nombreux points communs avec elle. Je me voyais tout à fait avoir sa vie, je n'ai d'ailleurs jamais manqué un épisode. Quelque chose était en train de naître en moi, j'avais besoin de voir ce qui se passait « ailleurs », au-delà de notre monde. J'en parlais beaucoup avec mon meilleur ami, un homme extra, gay, optimiste, drôle et plein de couleurs. Il ne partageait pas forcément mon avis, mais se montrait très ouvert. En revanche, ma meilleure amie avait tendance à penser comme moi. Nous nous connaissions depuis très longtemps, elle était la fille d'une très bonne amie de ma mère et nous nous voyions souvent. Plus jeunes, nous avions la même passion pour le Japon, les mangas et, aujourd'hui, nous partagions cette fascination pour l'au-delà et les films d'horreur.

Ce fut dans ce contexte que nous décidâmes toutes les deux de faire une séance de spiritisme. Plutôt que de regarder des fictions, nous voulions nous faire notre propre expérience. Ma copine avait pris le soin de fabriquer une tablette de « ouija » sur une grande feuille, agrémentée de chiffres, de toutes les lettres de l'alphabet, ainsi que des mots OUI et NON. Nous avions fait les choses bien et même choisi un petit verre rond pour tenir le rôle de la « goutte », entendez le vecteur de communication du défunt, la goutte avait vocation à se diriger sur le ouija pour nous parler. Tout était prêt, nous nous étions installées par terre, dans la chambre de ma copine entourées d'un filament de sel pour nous protéger d'éventuels « mauvais esprits ». Nous plaçâmes chacune un doigt sur le verre avant de poser, ensemble, la fameuse question : « Esprit, es-tu là, avec nous ? » Nous n'attendîmes pas longtemps, le verre se mit à bouger presque aussitôt. Le mouvement était puissant, nous sentions une force sous nos doigts, de plus en plus intense. Nous étions en train de paniquer, prises à notre propre jeu, nous eûmes très peur. Il fallait arrêter, nous le sentions. Nous nous dépêchâmes de tout ranger en cassant le verre d'abord, puis en brûlant la feuille qui faisait office de ouija. Nous n'étions pas bien, en nous regardant droit dans les yeux, nous sortîmes à l'unisson cette phrase : « On ne le dit à personne. » Je ne peux pas dire que nous regrettions d'avoir fait cette séance de spiritisme, mais il était clair que nous ne réitérerions pas. Notre amitié fut certainement renforcée par cette expérience aussi brève qu'intense. Nous nous voyions très régulièrement, mais avec des loisirs peut-être un peu plus légers : coiffure, maquillage, masques entre copines, shopping. Je dormais régulièrement chez elle, enfin, chez sa grand-mère, cela me faisait gagner du temps le matin pour aller travailler, elle vivait moins loin.

Un soir, je devais avoir dix-neuf ans, nous faisions justement l'un de nos traditionnelles soirées entre filles. Nous dînions avec sa grand-mère avant de monter dans sa chambre. Là, nous nous adonnions à nos petits plaisirs : soins du visage et manucure. C'était, comme d'habitude, une soirée très agréable, à base de confessions et de rires. Nous nous installâmes dans le lit, son ordinateur portable posé entre nous et le chat pour regarder un film. Je voyais les yeux de mon amie se fermer peu à peu, nous décidâmes donc de tout éteindre et de dormir. Elle plongea presque immédiatement dans le sommeil. Pour moi, c'était toujours plus compliqué, je ne m'endormais pas si facilement. Les volets n'étaient pas fermés, je tentai de me bercer avec l'éclairage vacillant des réverbères de la rue, il était léger et doux. Son chat ronronnait, endormi en boule contre moi, je le caressais doucement pour m'apaiser, j'étais très pensive, pour ne pas dire soucieuse, plein de choses me traversaient la tête. J'avais les yeux grands ouverts à l'heure où toute la ville dormait déjà depuis longtemps. Je ne le savais pas encore, mais j'avais un rendez-vous cette nuit-là, sans doute l'un des plus importants de mon existence.

CHAPITRE IV

NE PLUS VOIR...
NE PLUS ENTENDRE...
NE PLUS SENTIR...

Mon cœur battait relativement vite, je me disais que j'allais avoir du mal à m'endormir. Il y avait des soirs comme ça où le silence était trop fort. Je passais toujours doucement ma main sur le doux pelage du chat quand tout à coup, surgie de nulle part, une boule lumineuse fit son apparition devant moi. Elle était située au niveau du petit couloir, à l'entrée de la chambre, ce fameux couloir qui me faisait déjà peur. Je sentais toujours qu'il y avait quelqu'un en train de m'observer depuis cet endroit. J'étais envoûtée par cette sphère éclatante, je ne parvenais même pas à cligner des yeux. J'ai tout de suite compris qu'il ne s'agissait pas d'un phénomène explicable, je vivais quelque chose de mystique, de paranormal. La boule bougeait doucement, traversait la pièce sous mes yeux exorbités. Elle était blanche, brumeuse, aux contours indéfinis. Si j'avais dû décrire sa matière, sa texture, j'aurais dit qu'il s'agissait d'une espèce de fumée émanant d'une chicha, épaisse, compacte et si légère à la fois. Son cœur n'était que lumière, une lumière, blanche, pure, spéciale. Sa clarté était telle qu'elle illuminait toute la pièce initialement plongée dans le noir. Ma main était toujours posée sur le chat, j'étais bouche bée, tétanisée, incapable de faire un mouvement ou d'émettre un son. La boule continuait sa lente avancée, très très lente, elle dégageait une énergie particulière que je n'ai jamais eu l'occasion de ressentir dans ce monde. Elle voulait que je la regarde. Je me disais que je devais être en train de rêver, mais non, tout était bien réel, j'avais pourtant besoin d'une preuve. C'est à ce moment-là que je regardai le chat qui était encore profondément endormi quelques secondes auparavant. Là, il était bien réveillé, la tête levée, les yeux ouverts, il suivait, tout comme moi, l'évolution de cette boule de lumière. Là, je compris, je n'étais pas folle, le chat voyait la même chose que moi ! Ma copine, en revanche, dormait encore paisiblement. La promenade de cette « chose » dans la chambre dura plusieurs minutes, je dirais trois ou quatre, puis elle partit en traversant la fenêtre. C'est d'ailleurs ce fait qui m'impressionna davantage, je me dis : « *C'est* intelligent, *c'est* passé par une fenêtre pour sortir. » Le temps de prononcer cette phrase dans ma tête, je me précipitai vers la fenêtre, je regardai dehors, il n'y avait rien. Absolument rien. La boule s'était envolée. Elle était visiblement venue pour moi, pour me dire ou me faire comprendre quelque chose, mais quoi ? Qu'est-ce que tout cela voulait dire ? Ce n'était pas cette nuit que j'allais trouver des réponses à mes questions, j'étais tellement choquée par ce que je venais de vivre ! Je regardai le chat pour tenter de trouver des indices dans ses yeux, lui aussi avait assisté à ce spectacle effrayant, mais évidemment, il ne pourrait pas témoigner en ma faveur.

Je ne pouvais pas rester seule avec le fantôme de cette vision, dans la nuit noire, je secouai donc mon amie pour la réveiller : « Magaly, réveille-toi, il vient de se passer un truc de fou. » Impossible de la faire sortir de son sommeil. Je me cachai donc sous la couette et cherchai le sommeil qui, finalement, ne me gagna que peu de temps avant que le réveil sonne. J'étais soulagée de me retrouver en plein jour, les yeux grands ouverts, je ne pensais qu'à ma vision nocturne. Je tentai d'en parler à Magaly de bon matin, mais je la sentis un peu sceptique. On ne me croirait donc jamais ? En même temps, je pouvais comprendre.

D'autant plus que je devais avoir une tête de folle ! Je partis au travail, la journée fut longue et horrible, je ne pensais qu'à ça. Je cherchais ce que cela pouvait être, j'émis même l'éventualité d'un drone ! Je continuais au fil des heures à me triturer le cerveau pour trouver des explications et me demandais surtout : pourquoi MOI ? Je revins sur ma peur et tentai de l'analyser. Ce n'était pas de la boule en elle-même dont j'avais eu peur, non, j'avais eu peur de cette force inconnue qui l'animait, il y avait quelque chose derrière cette apparition, autre chose que je ne connaissais pas, c'était cela qui me terrifiait.

Mes interrogations me poursuivirent pendant des semaines, puis elles évoluèrent et m'ouvrirent la conscience sur un autre monde, un monde à part, inconnu, que je devais peut-être apprendre à apprivoiser. Oui, cette nuit-là, il s'était passé quelque chose, c'était sans doute la première nuit du reste de ma vie. Mais une chose était claire, je n'étais pas prête à cela, cela m'effrayait encore beaucoup trop. Et j'étais en train de lancer ma vie, ma carrière, je ne pouvais m'orienter vers un autre monde alors que celui dans lequel j'évoluais avait encore beaucoup de choses à m'offrir !

Ce n'était pas encore le moment. Je m'installais dans un petit quotidien qui me plaisait bien. J'aimais mon travail, mes fleurs, leur parfum, ma vie était douce et animée à la fois. J'avais un groupe d'amis qui me comblait. Mon meilleur ami, ma meilleure amie et leurs amis... Je m'entendais très bien avec Kévin, un danseur que j'aimais voir s'illustrer dans les comédies musicales. C'était un artiste complet et il me faisait tellement rire. Il était le rayon de soleil de nos soirées, on pensait tout le temps à l'inviter. Et puis, un jour de 2015, mon téléphone sonna. Une terrible nouvelle. Kévin s'était tué dans un accident de moto. Ce fut un choc émotionnel intense, ma respiration se coupa un instant, j'eus tant de mal à y croire. Ce n'était pas possible, il était trop jeune, il ne pouvait partir avant ses grands-parents ! Je ne pensais qu'à lui, j'étais traumatisée par son décès, je ne comprenais pas. Les questions se bousculaient dans ma tête, sa mort était incompréhensible pour moi, il était « trop » plein de vie ! Il chantait, dansait, riait tout le temps, il faisait même des sports acrobatiques, un vrai hyperactif ! Qui pouvait décider de mettre un terme à sa vie, il avait encore tant de choses à faire et à apporter aux autres ? Je ne cessais de me répéter : « C'est impossible, il était immortel dans ma tête. » Je n'acceptais pas sa mort, pendant des semaines. Puis je tentai de comprendre, de mettre des mots sur sa disparition. Je me documentai beaucoup sur la mort, sur le deuil et j'achetai un ouvrage qui allait m'ouvrir de toutes nouvelles perspectives : *Le livre des esprits* d'Allan Kardec. J'y appris les principes des doctrines spirites, je m'intéressai à la vie après la mort et je compris que la mort n'était pas une fin du soi. Peut-être même était-ce juste un mot pour qualifier une autre... réalité.

Je décidai d'approfondir ma culture à ce sujet, j'étais absolument fascinée à tel point que les morts commençaient à m'intéresser davantage que les vivants. Je ne pensais qu'à cela et même si je sentais que ces lectures déclenchaient quelque chose de positif en moi, j'avais de moins en moins l'impression d'être en phase avec mon monde. J'avais l'impression de déconnecter.

Et il m'arriva cet accident, au travail. Rien de grave, je fis une chute sur mon genou, il était très abîmé, mais c'était soignable. J'avais très mal, les médecins me prescrivirent un traitement à base de codéine pour me soulager, un ou deux cachets par jour, tout au plus. Mais je me mis à trouver cela très agréable, j'avais une impression immédiate de détente, d'euphorie. Je pris un cachet supplémentaire, puis deux, puis trois, j'arrivai vite à six-sept comprimés par jour, parfois trois en même temps. J'en avais besoin, puis envie, de plus en plus. Oui, j'étais dépendante et alors ? Si cela me faisait me sentir mieux ?

J'étais persuadée que je maîtrisais la situation, aussi bien concernant ce qui se passait dans mon corps que dans ma tête.

Pourtant, plus le temps passait, plus je me demandais ce qui se passait à l'intérieur de moi. Entre mes dix-neuf et vingt-quatre ans, je plongeai dans une période de quête et d'enquête de moi-même, j'étais dans une phase d'interrogations. Qui étais-je vraiment ? Pourquoi vivais-je des choses si compliquées que le commun des mortels ne soupçonnait même pas ? Pourquoi j'entendais et voyais toutes ces choses ? Est-ce que tout cela avait un lien avec mon intérêt pour le mystique ou l'ésotérisme ? Je n'en pouvais plus de ne pas comprendre. Je voulais simplement être « normale », mais je savais bien que ce qui se passait au fond de moi n'avait rien de « normal ». Une seule option s'offrait à moi : celle d'occulter. Je faisais tout pour ne plus entendre, ne plus ressentir, je me disais que c'était dans ma tête, peut-être souffrais-je d'une pathologie spécifique ? Depuis des années maintenant, je faisais mon possible pour ne jamais me retrouver seule avec moi-même, je m'enivrais d'activités, je travaillais comme une folle, parfois jour et nuit, je ne prenais quasiment jamais de vacances, mais ce n'était plus assez. Allais-je devoir continuer à vivre ainsi ? Jusqu'à la fin ? Ne plus me questionner... Ne plus entendre... Ne plus ressentir... C'était tout ce que je souhaitais.

Je sombrais petit à petit dans un profond mal-être, je faisais des crises d'angoisses à répétition, même les médicaments à base d'opiacés ou de codéine ne me faisaient plus d'effet. On me mit sous anxiolytiques, puis sous antidépresseurs, puis les deux. Ce n'était pas encore assez. Je me demandais ce que je faisais sur cette terre alors que je n'y avais jamais vraiment trouvé ma place, nulle part. Mes interrogations profondes me poursuivaient, me faisaient mal au crâne, je souffrais tellement, mon cœur était lourd, ma tête était en plomb. De plus en plus émotive, de plus en plus sensible, de plus en plus douloureuse, j'avais besoin de m'anesthésier. J'essayai l'alcool, c'était loin d'être suffisant. Je devais planer, être au-dessus de moi-même, je voulais sortir la nuit pour ne plus en avoir peur. Je me rendis dans quelques boîtes, mais la foule me faisait si peur... Un soir, je fis une énorme crise d'angoisse, je devais sortir au plus vite, je pleurais, je ne pouvais plus respirer, le bruit, la lumière, les gens, absolument tout m'agressait, encore une conséquence de mon hypersensibilité, mais cette fois, c'était différent, tout était multiplié par mille.

Je devais trouver d'autres endroits pour me vider la tête, je commençai alors à me rendre dans d'autres lieux, plus sombres, underground. C'était noir, glauque, mais j'avais l'impression que c'était en accord avec mon état d'esprit. Toutefois, j'étais encore trop ancrée dans la réalité, je devais m'en défaire, je ne la supportais plus. Pour tolérer mon mal-être, ce monde qui m'entourait, j'étais prête à tout. Je me mis à prendre des drogues, beaucoup de drogues, toutes les drogues. Les ecstasys n'avaient plus de secret pour moi, la MDMA non plus. Je trouvais cette drogue extraordinaire, son effet principal étant d'ouvrir les sens. Je voyais les couleurs comme jamais, j'entendais mieux les sons, mon cerveau était ouvert à tout, je ressentais un bien-être, une assurance, je n'avais plus de timidité ni peur de parler aux gens. Elle me faisait oublier ma vie nulle, morose, mes visions inexplicables. Vint ensuite la cocaïne qui me rendit sûre de moi, puissante et tellement en forme. Je ne me sentais plus malade ni fragile. J'étais convaincue que toute cette chimie me faisait du bien, mais je me détruisais jour après jour. Au début, je ne prenais ces substances qu'en boîte ou au cours de soirées chez des amis, c'était récréatif si j'ose dire, mais à la fin, ce fut la dégringolade.

Plus le temps passait, plus j'en avais besoin. Tout le temps. Il n'était plus question de soirées de temps à autre, la drogue faisait désormais partie de mon quotidien. Dans ce tourbillon infernal, la codéine ne m'avait jamais quittée. J'enchaînais les cachets comme des bonbons. Tout partait en vrille dans ma vie, je commençais à détester mon travail. La drogue était ma seule échappatoire, ma seule « solution » pour éviter les crises d'angoisse. Tout cela n'était qu'illusion, mais je prenais la codéine pour un remède. La moindre pression à la boutique m'oppressait, je ne supportais plus les remarques de mes responsables, il fallait faire du chiffre, toujours plus de chiffre. Mon métier qui était ma passion devenait tout simplement immonde à mes yeux, il n'avait plus d'éthique, plus de cœur. Ce rapport malsain à l'argent me dégoûtait, on devait prendre les gens pour des cons, pour des porte-monnaie ambulants. Je n'en pouvais plus d'être un robot, alors que j'avais voulu être fleuriste pour m'exprimer à travers la création, la beauté des fleurs, j'étais si loin de ça maintenant. Mon genou me faisait souffrir comme jamais, je devais rester debout, sans m'asseoir une seule minute entre neuf heures et vingt heures. Je prenais toujours plus de cachets pour tenir le choc, je planais complètement en servant certains clients avant d'aller vomir mes tripes, car les doses que j'ingérais devenaient bien trop fortes pour que mon corps puisse les supporter. Je vivais l'horreur et j'avais honte, tellement honte. Je me cachais pour pleurer. La codéine ne me suffisait plus, j'étais insomniaque, j'avais besoin de quelque chose pour surmonter ma fatigue. Je ne voyais que la cocaïne, facilement accessible elle aussi. Cocaïne la journée, somnifère la nuit, voilà ce qui fut mon cocktail pendant des semaines, jusqu'au jour de trop. Je n'en pouvais plus, je devais arrêter tout ça ou je pourrais ne jamais m'en relever.

Je m'aperçus que cette sensation de liberté était menteuse, fausse. Je n'étais pas libre, j'étais dans la prison de toutes ces drogues, j'en avais besoin pour supporter la vie. Cette privation de liberté me devint insupportable. J'arrêtai tout, d'un coup, ce n'était plus possible.

C'est à ce moment que je connus une autre violence, celle des crises de manque. Je transpirais à grosses gouttes, j'avais envie de vomir, je me sentais grippée en permanence, c'était affreux. Je compris alors que je devais me faire aider, absolument, je n'avais pas d'autre choix que de parler de ma dépendance aux drogues...

Mais à qui m'adresser ? À qui parler ? J'avais honte de ce que je devenais. Je tentai de dire à ma mère à quel point je me sentais mal, sans parler des drogues. Elle ne comprenait pas mon mal-être. Évidemment, elle voulait que j'aille mieux, je suppose qu'elle était dans une démarche bienveillante, mais sa manière de faire ne fonctionnait pas avec moi. Je n'arrivais pas à me faire à ses a priori, à sa facilité à juger. Elle se montrait directive, elle aimait décider, contrôler. Mais étant Verseau, cela ne pouvait pas marcher avec moi, j'avais besoin d'être libre, de faire mes propres expériences, de me planter toute seule s'il le fallait. À ce moment-là, j'avais simplement besoin d'aide, pas qu'elle m'impose sa vérité. SA vérité n'était pas MA vérité. Elle pensait que j'étais perturbée en raison de la séparation de mes parents quand j'étais toute jeune. Je savais bien que cela n'avait rien à voir. Je savais aussi qu'elle était désemparée et que, malgré nos désaccords, elle aurait tout donné pour m'aider.

Quant à mon père, il m'écoutait sans me questionner. Mais comme je ne lui parlais pas beaucoup de mes problèmes, il n'avait sûrement aucune idée ce qui m'arrivait. Et c'était tant mieux, il me traitait normalement. Il devait parfois se douter de la noirceur dans laquelle je me trouvais. Je vivais chez lui à cette époque, il voyait ces journées que je passais seule plongée dans le noir, des heures sans sortir de ma chambre. Il ne me mettait aucune pression pour autant. Mes pensées les plus sombres, je les gardais pour moi. Était-ce une manière de préserver mes parents ou de les convaincre que tout allait bien ? Je n'en savais rien, mais je ne pouvais pas leur parler de mon envie d'en finir.

Après une nouvelle discussion avec ma mère, je décidai de consulter à nouveau une psychologue. Ce fut un moment très désagréable, certainement parce qu'elle me posait des questions pertinentes, trop à mon goût, je n'étais pas prête à y répondre : « Pourquoi cherchez-vous à vous anesthésier et à vous faire du mal ? Vous décidez de vous autopunir, c'est cela ? Mais que vous reprochez-vous exactement ? Vous croyez que vous n'avez pas droit au bonheur ? » En quelques questions, elle avait visé juste. Mon mal-être, ma souffrance intérieure, mon incompréhension du monde qui m'entourait étaient en train de me mettre K.-O. Et encore... Je ne lui avais pas parlé de mes perceptions étranges et inexplicables, je préférais les cacher encore, pour le moment. Je sentais que je ne pouvais répondre aux questions de la psychologue, c'était à MOI que je devais répondre avant toute chose.

En pleine prise de conscience, je me rendis dans un centre médical spécialisé dans les addictions à Paris. J'y fus accueillie, conseillée et, surtout, pas jugée. On me prescrivit un substitut à la codéine avec des consignes bien précises afin de diminuer peu à peu les doses.

Je réussis à arrêter totalement et, dans le même temps, je me posais toujours des questions mais plus saines. Je me demandais comment j'avais pu en arriver là et je compris. J'avais besoin de m'anesthésier littéralement pour ne plus avoir conscience, ne plus ressentir. Je voulais mettre fin à ce brouhaha permanent dans ma tête, j'avais le choix de me droguer ou de me faire volontairement interner. J'y pensais si souvent, je croyais que je n'avais pas d'autre issue, pas d'issue tout court. Pour moi, tout était blanc ou noir, il n'y avait pas de nuance, pas de juste mesure, j'étais dans les extrêmes, en opposition perpétuelle avec moi-même. Je pouvais être d'une euphorie sans bornes, me sentir invincible, et la seconde d'après, d'une tristesse infinie avec l'envie d'en finir.

Peut-être fallait-il désormais que j'apprivoise mon hypersensibilité. Non, je n'étais ni schizophrène ni bipolaire et si j'enchaînais les insomnies, c'était sans doute parce que mon esprit voulait me parler et que je lui barrais la route. Il était temps que je le laisse s'exprimer, temps aussi de faire connaissance avec mon être profond.

Je revis le médecin qui me suivait notamment pour ma dépression. Il constata un grave burn-out. Après un arrêt maladie, je pris la décision de me mettre au chômage pendant une année entière. Il me fallait au moins cela pour soigner mon corps et mon esprit. J'étais tombée si bas, les ténèbres étaient proches.

CHAPITRE V

LE DÉCLIC, L'OUVERTURE

J'avais pourtant fait beaucoup d'efforts pour me sentir bien dans cette vie. Je tentai même de revenir à mon travail. Après un arrêt d'une semaine, je fis mon retour avec le peu de volonté et de forces qui me restaient encore. J'étais un zombie... Sauf qu'un zombie n'est pas censé ressentir de douleur et, moi, j'avais mal dans mon cœur, dans mon corps. Plus que déprimée, j'étais plongée dans une profonde dépression, les anxiolytiques, les séances avec une psychologue n'y faisaient rien. Je me forçais pour tout. Je déambulais dans les allées du magasin comme un robot. J'avais fait tant d'efforts pour cultiver mon amour des fleurs, devenir sociable, agréable, dépasser ma timidité afin d'exercer ce métier, j'en étais aujourd'hui totalement dégoûtée. Mes patrons refusaient tout sentiment, il fallait vendre vite et beaucoup. C'était de pire en pire et tellement loin de mes valeurs.

Je pris sur moi encore quelques jours. Un matin, alors que je me rendais au travail, je pris le métro, changeai de station pour rejoindre la ligne 8, tel un automate. Il ne me restait que quelques stations à passer, mais je fus pris d'un malaise. Je me sentais toute bizarre. J'avais chaud, puis j'avais froid et, d'un coup, je me mis à transpirer à grosses gouttes, je les sentais ruisseler sur mon front, je n'arrivais plus à respirer, j'étais oppressée comme si quelqu'un appuyait de toutes ses forces sur ma poitrine. Mon angoisse allait crescendo, je suffoquais à présent. Dès que les portes de la rame s'ouvrirent, je sortis en courant, je montai les escaliers à toute vitesse pour sortir de là, je retrouvai le contact avec l'extérieur, j'avais besoin de m'asseoir, je m'installai sur le premier banc et je me mis à pleurer, pleurer, sans m'arrêter. Mon corps ne voulait plus me suivre, il ne voulait plus aller dans le sens du travail. Je rentrai chez moi pour la journée mais, malgré cela, je trouvai des ressources pour revenir le lendemain et continuer, je pensais que je n'avais pas le choix. J'essayais de ne plus rien ressentir et de suivre autant que faire se peut les directives de mes responsables. Cependant, l'un d'entre eux était constamment sur mon dos, il me tannait pour que je répète des phrases commerciales toutes faites, que je ne passe pas trop de temps avec les clients, pour que je ne sois pas non plus trop agréable afin de ne pas les mettre en confiance. Je détestais tout cela, je ne me sentais pas libre, étriquée. Un après-midi, je le sentis m'observer et m'analyser pendant au moins cinq minutes alors que j'accueillais un client. Cela ne loupa pas, il me reprit et me fit des remontrances. Là, encore une fois, mon corps s'exprima sans que je ne puisse rien y faire. Je pétai littéralement les plombs, j'étais à fleur de peau, il me cueillait au mauvais moment, ce fut la goutte d'eau qui fit déborder le vase. J'éclatai en sanglots, je ne pouvais plus m'arrêter de pleurer, une grosse boule me tiraillait le ventre. Une collègue adorable – il en existait encore – insista pour que je rentre et que je prenne soin de moi. C'était désormais certain, c'était la fois de trop. Ils durent me prendre pour une lâche, je partis comme une voleuse, mais je n'avais pas le choix. J'entamai donc une période de chômage, je ne comprenais pas trop ce qui m'arrivait. Tout ce que je savais, c'est que je ne pouvais plus reprendre un travail comme les autres, je devais changer de vie, je n'avais plus les ressources pour continuer comme ça, il fallait que je choisisse une autre voie, je ne trouvais pas ma place.

Rien qu'en me disant cela, je sentis que le changement avait commencé. Je me soignais, m'éloignais des personnes que j'estimais toxiques pour moi ou trop instables. Bien sûr, il m'arrivait encore de voir quelques amis proches et de sortir, je me laissais tenter par un verre, je fumais des cigarettes, mais les drogues, c'était terminé. J'étais déterminée à donner un nouveau tournant à mon existence et à travailler sur mes émotions, sur mes pensées, sur moi, en profondeur, dans le silence que je fuyais depuis toutes ces années.

Je fréquentais à l'époque un homme adorable, un véritable ami dont je devins la colocataire. Il était à mon écoute et me faisait du bien. Lorsque je décidai de m'installer chez lui, c'était dans le but de prendre un nouveau départ. Les premiers jours de cette période de chômage ne furent pas de tout repos. Je continuais de me mettre une certaine pression pour retrouver rapidement un emploi. Pourtant, je savais bien que rien ne pourrait me convenir. Je faisais toutefois toutes les démarches nécessaires. J'étais sur Internet à longueur de journée dans l'espoir de trouver une formation susceptible de me plaire. Il faut dire que je n'avais que cela à faire. Lui travaillait beaucoup, il n'était pas là de la journée et j'avais fait le vide autour de moi pour ne plus retomber dans mes travers. Je ne voulais plus voir personne à Paris, je n'avais plus envie de sortir, le monde extérieur ne m'avait jamais fait aussi peur. J'avais mis ma vie sociale sur pause. Pour une fois, le monde allait tourner autour de moi, juste autour de moi. Je m'offrais un répit, j'avais besoin de me recentrer, de me comprendre, de m'écouter. Durant quelques semaines, j'étais persuadée que cela devait passer par un changement de cap professionnel. Je me renseignais sur des formations de maquillage permanent, de dermographie, qui m'attiraient beaucoup, mais mon compte en banque n'était pas aussi motivé, cela coûtait une petite fortune. Je me dis alors que je devais peut-être trouver un job pour mettre de l'argent de côté dans le but de payer mes études.

Cela ne s'est pas du tout passé comme cela ! Je rencontrais obstacle sur obstacle, comme si le destin me disait que je prenais la mauvaise voie, que je me trompais, que ce n'était pas cette vie qu'il me fallait. Peut-être allais-je trop vite ? Je ne cessais de dire que j'avais besoin de me retrouver, il était temps de commencer. Comment ? Par la méditation. Je faisais beaucoup de recherches sur Internet pour trouver les meilleures méthodes d'introspection, je me documentais énormément.

Chaque matin, je prenais tranquillement mon petit déjeuner, je réfléchissais à ce que je voulais faire, sans pression, puis je m'offrais ce temps de méditation, seule avec moi-même et avec ce qu'il y avait à l'intérieur de moi, que je ne connaissais pas encore. J'explorais jour après jour le monde de la spiritualité, je savais qu'il m'apporterait des réponses. Je faisais de plus en plus de recherches sur le sujet, je multipliais les visionnages de vidéos sur YouTube, et c'était très étrange mais je retrouvais le sourire, je sentais que je touchais quelque chose du doigt, j'étais enfin sur le bon chemin. De quarante minutes de méditation par jour, je passai à deux heures, je voyageais à travers moi, mon esprit, mes sens. Les livres m'apprenaient tout ce dont j'avais besoin sur mon hypersensibilité. Et si, au lieu de me braquer et tout bloquer, je voyais mes sensations exacerbées comme un point positif, une ouverture sur le monde ? Et si, au lieu de les subir, je développais ces capacités extrasensorielles pour en faire des alliées ? Je me créai un compte Instagram exclusivement dédié à ma quête de spiritualité, je regardais, étudiais, analysais tout ce que je trouvais. Je me levais spiritualité, je mangeais spiritualité, je buvais spiritualité, je me couchais spiritualité... Il n'y avait plus que ça qui comptait ! Je sentais comme un message du destin ou de l'univers, c'était ma voie, je devais foncer maintenant. Je n'étais plus triste, je n'avais plus mal, je voulais avancer et progresser, faire dépasser ses limites à mon mental, je plongeais chaque jour dans le plus profond de moi-même et je ne mettais plus de barrières à mes sensations.

Chaque émotion était là pour m'apporter un message, je devais l'écouter. Je commençais à lâcher prise, je me laissais petit à petit embarquer vers d'autres rives, là, je me sentis vraiment soulagée de ne plus travailler, je me retrouvais et je réussissais petit à petit à me contrôler. Bien sûr, il m'arrivait de sortir de temps en temps, j'avais besoin de marcher ou d'errer dans des parcs pour parfaire ma méditation, mais je passais le plus clair de mon temps seule dans l'appartement.

Je débutai par un très gros travail sur mon « enfant intérieure », la petite fille que j'étais avec ses peurs, ses visions, car il était là le problème, cette fillette n'existait plus depuis longtemps, je m'étais perdue pendant toutes ces années dans ce que je n'étais pas, comme si j'avais mené l'existence d'une autre personne sans écouter mes rêves, mes envies. Je m'étais coupée de mes réelles sensations. Je retrouvais maintenant jour après jour la « Mégane originelle ». Cela passait aussi par une bonne dose d'art-thérapie, j'aimais me laisser aller à des séances de peinture intuitive. J'extériorisais absolument tout via les arts et la méditation. Je me rendais aussi de temps à autre à la salle de sport, car la spiritualité ne comble pas le besoin de se défouler physiquement même si je devais avouer qu'elle m'épuisait parfois. En fin de journée, lorsque le soleil commençait à baisser, j'aimais passer de longues heures, silencieuse, à réfléchir sur le sens de la vie, comme je le faisais avant mais avec beaucoup moins d'anxiété et d'appréhension. Je trouvais encore mes réponses dans les livres, je retombai d'ailleurs sur celui d'Alan Kardec. J'ai donc relu Le *livre des esprits*, mais il avait désormais un autre sens pour moi et je dis même à voix haute : « Mais tout est là ! »

Une révélation était en train de me parcourir, comme un éclair de la tête aux pieds ! Depuis toute petite, je me posais des questions existentielles qui pourrissaient mon quotidien : Pourquoi est-on là, sur cette terre ? Quel est le but de la vie ?

Quel est le sens de telle ou telle chose ? Y A-T-IL UNE VIE APRÈS LA MORT ?

Plus que jamais, j'eus besoin de me retrouver seule, comme un moine bouddhiste qui se retire pour effectuer ses méditations. Moi, j'avais besoin de tout comprendre, de faire des recherches et de trouver des liens entre ce que je lisais et ce que je vivais depuis toujours. Je trouvais chaque jour une nouvelle réponse. J'avais l'impression d'être enfermée dans une grande maison dans le noir et d'ouvrir peu à peu les volets jusqu'à ce que les pièces soient toutes baignées de lumière. Cette maison, c'était mon esprit.

J'accumulais les expérimentations, je développais mes sens, j'étais à l'écoute de mes ressentis, et chacune de mes capacités était maintenant décuplée. Je lâchais les vannes, ouvrais les barrières, j'étais davantage dans l'acceptation de moi-même et ouverte à toutes les possibilités. Je vivais la plus grande révélation de ma vie, j'étais en train de connaître un éveil de conscience absolument énorme... Conséquence directe : mes capacités extrasensorielles étaient particulièrement puissantes.

Je ne bloquais plus mes perceptions, tout revenait comme lorsque j'étais enfant, les mêmes visions mais avec un filtre d'adulte. Attention, pas question pour autant de planer, je restais comme à mon habitude très terre à terre, en me posant toujours des questions sur la véracité des choses. J'explorais toutes les possibilités, toutes les explications, mais force était de constater que je connus beaucoup de manifestations à cette période. Ce n'était évidemment pas dû au hasard, je travaillais énormément, notamment sur les chakras. Je les ai tous étudiés : du premier, le chakra racine, au dernier, le chakra coronal. Je les ai analysés, je les ai ouverts et je les ai ressentis au plus profond de moi. Je me mis à percevoir toutes les énergies, les non palpables, celles qui étaient bloquées par la peur, ma peur de voir tout cela jusqu'à présent.

Ce fut un très long processus mais, bizarrement, je devais bien reconnaître que tout coulait de source, je ne connaissais pas de difficulté particulière pour réaliser mes exercices, tout se passait facilement, de façon fluide, comme si je pratiquais tout cela depuis longtemps finalement. Il s'agissait d'une mémoire oubliée qui faisait son grand retour, et c'est grâce à ces recherches, à ces travaux et à la méditation que je fis une grande découverte. Je compris à travers mes lectures que nous avions tous un « guide spirituel » et qu'il en existait deux sortes. Il y avait tout d'abord les « entités » : une énergie pure jamais incarnée sur terre. Il y avait aussi les guides « familiers » : des défunts devenus guides spirituels. Je compris rapidement qu'il était important de faire la distinction. J'eus cette rencontre avec mon guide spirituel.

Un soir, je me retrouvai, comme à mon habitude et à mon aise, seule dans l'appartement. Je décidai de m'organiser une séance de méditation « à la bougie blanche ». Je m'installai, détendue, et allumai cette bougie qui serait la seule source de lumière de la pièce et je me plongeai dans un silence total. Mon objectif était avant tout d'explorer ce qu'il pouvait y avoir à l'intérieur de moi et contrôler tout ce qui était susceptible d'arriver, comme une pensée ou une image. J'étais aujourd'hui capable de recevoir facilement ces images, sans les dominer. J'avais cependant une idée précise, je demandai intérieurement si j'avais l'autorisation de voir mon guide spirituel, je lâchai totalement prise et, là, une image très nette, très précise, se présenta à moi. C'était incroyable. Tout était tellement clair. Je n'avais jamais eu une vision aussi claire depuis mon enfance ! L'espace d'une seconde, je fus choquée. Choquée de voir si parfaitement. C'était une femme, très lumineuse, blonde, les cheveux longs et ondulés, elle avait une robe blanche ornée de dorures qui tombait jusqu'à ses pieds, une ceinture à la taille, des manches évasées à partir des avant-bras, un bijou de tête doré. Une énergie très haute se dégageait d'elle, je sentais à travers elle une pureté, une sorte d'amour inconditionnel. Je distinguais qu'elle était là pour guider, aider, mais tout en restant neutre, sans donner d'ordres ni de directives. Elle semblait avoir une valeur de conseillère, comme un maître de vie, un professeur très ouvert qui avait vocation à me laisser faire ma vie en m'envoyant un message au bon moment, au moment parfait. Voilà tout ce que je voyais en elle. Puis elle s'évanouit.

Je mis quelque temps à m'en remettre, à digérer cette « apparition ». N'était-ce pas un rêve ? Non, j'en étais certaine. C'était d'ailleurs pour cette raison que je commençai à faire des recherches. J'avais des souvenirs très précis de sa tenue, je découvris qu'il s'agissait d'une robe d'époque médiévale, arthurienne plus précisément. Je découvris finalement qu'elle ressemblait comme deux gouttes d'eau à la « Dame du Lac », autrement appelée « fée Viviane ». Je n'avais pas de grande connaissance des légendes, pourtant très connues, autour du roi Arthur, je ne connaissais même pas l'histoire de la fée Viviane, et pourtant, c'était bien son portrait craché !

Ce fut ma première vraie grande expérience, avant de nombreuses autres. Durant les mois qui suivirent, les manifestations se multiplièrent chez moi. Je fus notamment confrontée à beaucoup de « défunts de passage », des esprits qui ne restaient pas longtemps, je les voyais et, d'un coup, ils disparaissaient, nous avions parfois des communications très brèves et ils repartaient. J'avais passé un cap. Je ne voyais plus avec mes « yeux physiques » comme lorsque j'étais enfant, mes visions s'apparentaient plutôt à un rétroprojecteur dans ma tête, au lieu de se refléter dans la pièce, les images étaient directement dans ma tête, je nommais cela « le filtre d'adulte ». Ce processus me permettait de contrôler un peu ce « troisième œil », ainsi que mes différentes perceptions. Ces dernières semaines, j'avais énormément travaillé cette notion de visuel car j'avais très peur d'entendre encore des voix, des mots, des phrases dans ma tête, cela me terrifiait encore. Justement, j'eus envie d'aller encore plus sur cette notion de peur en me posant les bonnes questions : Quelle est la vraie définition de la peur ? De quoi ai-je peur ? J'ai peur qu'il m'arrive quoi finalement ? Là encore, il s'agissait d'un travail profond qui m'a permis de tout décortiquer et de me connaître davantage.

Puis arriva cette nouvelle « révélation ». Au cours de mes longues recherches, je m'interrogeais évidemment sur cette fameuse sphère lumineuse qui m'avait surprise en pleine nuit chez mon amie, quelques années plus tôt. J'en vins à la conclusion qu'il s'agissait de ce que l'on appelle un « ectoplasme », c'est-à-dire une texture brumeuse, assez blanche, très lumineuse. Ce sont des microparticules qui émanent du corps d'un médium. J'appris ensuite que l'esprit, le défunt, venant rendre visite au médium, aurait la capacité d'extirper cette matière blanchâtre du corps et de s'en entourer pour se faire voir ou se déplacer. Cette définition expliquait en effet pourquoi j'avais vu une telle lumière à l'intérieur de cette sphère brumeuse : je voyais la forme originelle du défunt mêlée à l'ectoplasme du médium ! Je compris aussi que lorsqu'une personne voyait ce genre de choses, cela voulait bien dire que le défunt la sentait capable d'arracher cet ectoplasme d'elle. C'était une autre marche vers une prise de conscience de ma médiumnité. Si je vous en parle encore, c'est que, bien sûr, j'ai à nouveau vécu ce phénomène.

Ce type de manifestation ne m'arrivait que lorsque j'étais seule. Je commençais à comprendre que les défunts n'avaient pas envie d'approcher tout le monde ou d'être dérangés. Un soir, je regardais tranquillement la télévision, avec le chien assis à mes pieds. Je m'apprêtais à l'éteindre pour aller me coucher, seule la lumière de la lame de sel de l'Himalaya éclairait la pièce. J'étais pensive et me laissais aller à des réflexions diverses pendant cinq minutes lorsque je vis quelque chose sortir du coin de la pièce. C'était brumeux, mais nullement de forme sphérique. C'était une matière plutôt étirée qui se déplaçait lentement. La forme est passée plusieurs fois devant le chien qui la suivait des yeux – comme le chat quelques années auparavant – il s'est même levé pour la suivre. Ce relief brumeux est resté comme ça, à planer assez longtemps devant nous avant de disparaître, là encore, par la fenêtre. Contrairement à la dernière fois, j'en avais eu beaucoup moins peur, j'avais pris le temps de l'observer, mais je ne savais pas encore comment communiquer avec elle ou comment faire pour lui dire quoi que ce soit. La grande différence était que je savais ce que c'était, je ne l'abordais donc plus de la même façon. C'était une nouvelle expérience extraordinaire, je trouvais complètement dingue le fait de retrouver cette matière face à moi des années après et surtout de ressentir à nouveau cette énergie unique quand elle se déplaçait. C'était assez inédit... Avant de se répéter fréquemment mais, cette fois, avec bien plus de maîtrise de ma part. Ces manifestations se reproduisaient, mais j'avais dorénavant l'image du défunt concerné dans ma tête. Les semaines passaient et les pouvoirs de mes sens se décuplaient, devenaient de plus en plus puissants. Je percevais très distinctement les défunts, il m'arrivait parfois de les voir du coin de l'œil en train de marcher. J'étais relativement sereine face à cela, de plus en plus en tout cas.

Il subsistait toutefois quelques problèmes, quelques peurs que je n'arrivais pas à régler. Dans ma salle de bains, je voyais régulièrement une femme dans ma baignoire. Elle m'effrayait totalement. Elle me faisait penser au personnage du film d'horreur *The Grudge*, avec ses cheveux longs, noirs, mouillés, elle était recroquevillée dans ma baignoire. Elle me faisait si peur qu'à nouveau, je tentais de me persuader que « c'était dans ma tête », qu'il fallait que j'arrête de croire que cette chose était là, comme si je niais tout le travail effectué jusqu'à présent. Dès que j'avais besoin de me rassurer, je me posais des questions très proches de la réalité. Il me restait malgré tout une part de déni dans tout ce que je pouvais percevoir, je n'étais pas assez mûre sans doute... J'avais toujours un manque de confiance en moi, je ne me sentais pas encore tout à fait légitime à voir toutes ces choses. C'était limpide, je devais trouver un nouveau moyen d'avancer pour surpasser ces peurs et ces questions. Je m'intéressai alors à un groupe Facebook créé par une médium dont j'avais auparavant dévoré tous les livres. Inès Lenne avait fondé ce groupe d'accompagnement et d'apprentissage à la médiumnité. Elle permettait aux membres de se tester par divers moyens, notamment des photos postées par les uns et les autres. Il fallait interpréter ces images et dire ce que l'on y voyait. Cela coulait de source pour moi, je tombais toujours juste. Mais, là encore, je me disais qu'il s'agissait peut-être d'une coïncidence. J'avais du mal à assimiler le fait qu'aujourd'hui, moi aussi, j'avais ces capacités de « voir ». J'eus malgré tout une idée, je décidai de prendre en photo ma salle de bains et donc ma baignoire, je la postai sur le groupe avec ce commentaire : « Que voyez-vous ? » Une dizaine de personnes ont répondu sans hésiter : « Il y a une dame dans ta baignoire, brune aux cheveux longs, elle a l'air malheureux. » J'avais ici la confirmation, je n'étais pas dingue ! Tout le monde voyait la même chose que moi alors que personne ne s'était parlé ou concerté auparavant. C'était inexplicable, mais j'avais ce besoin de voir pour croire, je voulais qu'on me jette les vérités en face et, à cet instant, je ne pouvais plus reculer, mais je voulais encore des preuves. Non, pas des preuves. Des confirmations.

Un matin, encore seule, je me réveillai, j'ouvris à peine les yeux qu'une odeur inconnue me chatouilla les narines, une sorte d'eau de Cologne assez datée, forte et plutôt désagréable. Il n'y avait évidemment personne dans ma chambre, mais toujours en quête d'explications plausibles, je me dis que mon colocataire avait dû passer dans la pièce prendre un tee-shirt et se parfumer par la même occasion. Sauf qu'il ne portait jamais de parfum. Je cherchai partout dans l'appartement d'où pouvait provenir cette odeur. Je courus alors à la salle de bains vérifier les placards et le lavabo : aucune trace d'eau de toilette. Voilà de quoi occuper ma journée : je devais faire de nouvelles recherches sur ce type de perception. J'entendis alors parler « d'odorat astral », un sens subtil qui prend sa source justement dans l'astral. Quelques heures après cet épisode, j'eus la chance de voir l'homme qui portait ce parfum, au pied de mon lit, c'était évidemment un défunt, mais il avait un certain lien avec moi. Je découvris le lendemain qu'il était le père d'une amie. Lorsque je lui en parlai, elle me raconta aussitôt cette anecdote : « Oui, il mettait trop d'after-shave, il cocottait à fond ! » En perpétuelle quête de preuve, j'eus l'idée de me servir de cette histoire, je postai une photo de ma chambre prise à l'instant où j'avais vu cet homme, sur le fameux groupe Facebook, je tentai un nouveau test : « Que voyez-vous ? » Les membres répondirent en majorité : « Je vois un homme. » Une autre réponse me frappa en plein cœur : « Je vois une grande femme blonde, très lumineuse, je pense que c'est un guide. » J'hallucinais totalement ! Cette personne avait vu mon guide spirituel. Je ne pouvais pas m'arrêter là, je postai à présent une image de la « Dame du Lac » puisque c'est à cette représentation qu'elle s'apparentait le plus. Je commentai : « La femme que vous voyez ressemble-t-elle à ça ? » Quelques minutes plus tard, la réponse : « Oui, c'est la même robe. » J'étais scotchée. Je ne cessais de répéter tout haut : « C'est un truc de fou. »

Oui, ce, qui m'arrivait était un « truc de fou ». J'avais pénétré dans un monde dont je ne soupçonnais même pas l'existence quelques années auparavant. Mais il faisait partie de moi et pour la première fois de ma vie, je me sentais connectée à moi-même, complète et presque sereine.

CHAPITRE VI

SPIRITUALITÉ, MÉDIUMNITÉ, L'APPRENTISSAGE

J'allais mieux, je me sentais plus forte, ma vie était saine et ma vraie personnalité s'était enfin exprimée. Malgré tout, je ne me voyais pas reprendre le travail tout de suite. Je réfléchissais encore à ce que je voulais faire et je savais que mon apprentissage dans le monde de la spiritualité n'était pas achevé. Je continuais chaque jour d'expérimenter mes capacités extrasensorielles et me disais qu'il manquait quelque chose à mon initiation. Je savais exactement quoi. J'avais toujours été très attirée par la cartomancie, une passion qui m'était venue de ma grand-mère. Lorsque j'étais plus jeune, je l'avais accompagnée lors d'une visite chez sa voyante. J'avais trouvé cela incroyable, j'étais fascinée de la voir manipuler ses cartes et j'y croyais. Bien sûr, je ne parlais de cela qu'avec ma grand-mère, c'était notre petit secret. J'étais avec elle d'ailleurs lorsque j'achetai mon premier jeu de tarot, je devais avoir treize ou quatorze ans et je m'étais précipitée pour bien le cacher dans ma chambre afin que personne ne le trouve. De toute manière, je ne savais pas vraiment m'en servir. Ce n'est que lorsque j'eus dix-sept ans que je le ressortis de sa cachette. Je me mis à tirer régulièrement les cartes et à étudier leur signification, sans jamais faire de lien ou de rapprochement avec ce que je pouvais vivre, les manifestations ou les voix dans ma tête.

Maintenant que je savais d'où elles provenaient, je me dis que c'était le bon moment pour parfaire mes connaissances dans le domaine de la cartomancie. Je m'entraînais durement, jusqu'à l'épuisement, mais ma motivation était grande. Les premières semaines, je faisais cela pour me divertir et, rapidement, je demandai à mes amis d'être mes « cobayes ». Évidemment, je ne les faisais pas payer, mais ils pouvaient constater que j'étais très sérieuse et méticuleuse dans ma démarche. Il me fallait le prénom, la date de naissance, des photos pour me concentrer pleinement. Ils furent bluffés et moi aussi. Sur le passé, je tombais juste, sur le présent aussi et en ce qui concerne le futur, il n'était pas rare qu'ils me ressortent des semaines plus tard des éléments que je leur avais prédits. Je trouvais toutefois ma pratique un peu scolaire dans les premiers temps et, à force d'entraînement, je me mis à lâcher prise, si bien que très vite, des flashs se mirent à traverser mon esprit pendant mes tirages. Des prénoms et des situations fusaient dans ma tête, c'était de plus en plus naturel.

J'avais envie d'assumer mes passions et de montrer qui j'étais devenue aujourd'hui. Ce n'était plus de l'amusement, la cartomancie, la spiritualité faisaient partie de moi, cette année fut, plus qu'une révélation, une révolution dans ma vie. Je créai un compte Instagram spécialisé, je n'avais pas d'abonnés, mais c'était une manière pour moi de rendre tout cela plus officiel. Enfin, je me sentais à ma place et je me disais même que je pourrais en faire mon métier.

Mais je voyais mes économies fondre comme neige au soleil et il fallait bien assurer mes arrières et faire bouillir la marmite ! Je décidai donc de retrouver du travail, j'avais besoin d'argent pour financer ma formation de maquillage permanent et je constatai que mon amour des fleurs était toujours présent, il m'aiderait à arriver à mes fins. Je fus embauchée à mi-temps par une entreprise d'horticulture et, pendant mes heures non travaillées, je continuais de tirer les cartes, gratuitement ou sur don libre.

Les gens me donnaient ce qu'ils voulaient, parfois rien du tout, mais ce n'était pas grave, je ne faisais pas cela pour l'argent. Mon job de fleuriste se passait relativement bien, mais j'étais trop « ouverte ». Les défunts me sollicitaient constamment et je ne pouvais plus me fermer à leurs manifestations. Me consacrer pleinement à mon travail devenait de plus en plus compliqué. J'avais notamment pour mission d'arroser et d'entretenir les fleurs dans les… cimetières ! C'était un comble ! J'avoue avoir eu pas mal d'appréhension avant de m'y rendre, mais je me rendis compte que mes a priori n'étaient pas fondés. Ce n'était pas parce que nous étions dans un cimetière qu'une foule de défunts se baladaient entre les tombes, loin de là. Un matin, j'accompagnai le responsable de l'entretien d'un cimetière pour accomplir ma tâche du jour. Je fus frappée par la présence d'une dame – bien vivante – qui marchait devant moi, des fleurs à la main ainsi qu'un petit nécessaire de nettoyage pour la tombe qu'elle venait visiter. Je ne pouvais pas expliquer pourquoi, mais j'étais attirée par elle, je l'observais, je ne la quittais pas des yeux comme si quelqu'un me disait : « Regarde-la. » Alors qu'elle s'approchait d'une stèle, je vis un homme d'une grande carrure qui l'attendait visiblement. C'était son défunt. Il était âgé, avec une moustache, corpulent et assez carré. Il suivait chacun de ses gestes et ne cessait de la regarder. C'était dingue et beau à la fois. Elle pensait aller le voir au cimetière et se recueillir sur une dalle de marbre, c'était finalement un vrai rendez-vous entre deux époux, je trouvais cela magnifique. L'émotion me gagnait, je mourais d'envie d'en parler tout de suite à quelqu'un… mais je ne pouvais pas. J'étais confrontée au premier problème des médiums : nous n'avions pas vraiment le droit de parler de ces « choses-là », c'était encore tabou. Et puis je devais avouer que je me voyais mal balancer à brûle-pourpoint : « Tiens, il y a un défunt là-bas qui suit la dame. » Et pourtant, j'en voyais partout, tout le temps… Quelques jours après cet épisode, j'en croisai même un dans le métro ! Je vous l'accorde, le fait que je prenne le métro était plus étonnant que le fait que je voie un défunt ! Les transports en commun me rebutaient toujours autant, mais je gérais nettement mieux mes angoisses. Je vis ce monsieur à une station, il portait une petite valise et faisait les cent pas, il semblait bloqué ou perdu. Il faisait toujours les mêmes pas, les mêmes gestes, l'air un peu hagard. J'avais déjà entendu parler de cela : des défunts dans le déni de leur nouvelle forme. Ils savaient qu'ils étaient morts, mais ne l'acceptaient pas vraiment : ne pas céder pour ne pas partir. Mon quotidien était régulé par les visites des défunts, aussi bien au travail que dans ma vie privée.

Un jour, mon colocataire me proposa d'aller prendre l'air chez ses parents en province et d'y passer la nuit. Cette escapade arrivait à point nommé, j'avais envie de m'évader. Dès que je passai la porte d'entrée de cette vieille maison, je constatai une ambiance lourde, spéciale. Je me sentis très observée et me dis : « Il y a du monde là-dedans ! » Je ne pensais évidemment pas aux parents de mes amis, mais aux squatters que j'aurais été la seule à voir. La nuit tombée, je me rendis dans la salle de bains et alors que je me brossais les dents, je vis une vieille dame dans le coin de la pièce. Je fis abstraction de sa présence, on n'eut aucun échange, elle n'avait pas l'air de vouloir me parler. Je décidai donc de la laisser et d'aller me coucher. J'avais compris cela quelques semaines plus tôt : ce n'est pas parce qu'un défunt se montre à vous que vous devez forcément avoir une interaction avec lui. C'est comme lorsque vous marchez dans la rue, vous ne parlez pas à tout le monde, vous répondrez seulement à la personne qui s'adresse à vous. Nous étions, à ce moment précis, dans ce même cas de figure. J'avais croisé cette dame, mais elle ne voulait pas communiquer. Je passai donc mon chemin et allai dormir. Certainement la pire nuit de ma vie ! Je ne pus fermer les yeux qu'une ou deux heures d'affilée à tout casser. J'étais réveillée en sursaut avec la sensation que l'on me secouait très fort pour que je me lève ! On me touchait, on me bousculait, mon cœur palpitait. Je sentais des mains sur moi, mais dès que je regardais dans la pièce, je ne voyais personne ! En revanche, je percevais sans nul doute qu'il s'agissait d'un homme. Cependant, il partait dès qu'il m'avait réveillée, il n'avait clairement pas envie que je sois là, je le dérangeais. Je me souvenais en effet d'avoir constaté dans mes recherches que certains défunts ne supportaient pas d'avoir près d'eux cette énergie si particulière qu'est celle du médium. Les défunts sont omniscients, ils savent très bien reconnaître quelqu'un qui capte leur présence. Cet homme détestait me voir dormir dans cette maison. Jusqu'au bout de la nuit, je ne réussis pas à le voir, il n'était certainement pas assez sur mon plan vibratoire. Tous les médiums ne vibrent pas de la même manière et ne voient pas les mêmes plans. Cet homme et moi étions décidément incompatibles ! Par curiosité, je pris une photo de la chambre et la postai sur mon groupe Facebook avec la traditionnelle question : « Que voyez-vous ? » Moins de deux minutes plus tard la réponse tombait : « Je vois un monsieur. » Encore une confirmation.

Je pense qu'il suffit de lire ces quelques lignes pour comprendre : la spiritualité et les défunts prenaient bien plus de place dans ma vie que mon travail de fleuriste. N'était-il pas temps que je me rende à l'évidence ? Je ne me sentais plus à ma place depuis bien longtemps dans ce métier. J'avais l'impression de perdre mon temps en boutique, à faire semblant, et je n'avais pas la même vision du monde que les gens qui m'entouraient. Je me sentais plus ouverte qu'eux, très en conscience, et je ne supportais plus ce décalage. J'avais du mal à m'aligner, je ne comprenais pas comment raisonnaient la plupart des gens, c'était difficile pour moi de voir un petit esprit moyen dire des méchancetés sur son collègue. Je ne pouvais plus vivre ça. Et je recommençais à me poser des questions, ce n'était pas bon signe. Pourquoi m'étais-je encore engouffrée dans un travail à contrecœur ? Pourquoi tenter de gagner de l'argent dans l'espoir de me payer une formation qui coûtait une fortune et dont je n'étais pas sûre des débouchés ? Moi, ce qui me plaisait, c'était la spiritualité, la médiumnité, la voyance. Et je pouvais constater que cela marchait de mieux en mieux, mon « passe-temps » avait tout de même pris beaucoup d'ampleur. J'avais de plus en plus de demandes, pour la voyance et pour le contact avec les défunts. J'avais d'excellents retours, je vivais d'ailleurs des choses incroyables avec mes consultants. Je ne m'étais jamais sentie aussi utile qu'en aidant les gens par ce biais. Je leur apportais des réponses, du bonheur. Et je me demandais : « Mais pourquoi chercher midi à quatorze heures ? » Pourquoi est-ce que je ne faisais pas tout simplement ce que j'aimais ? C'était ma passion, ma vie, c'était moi, tout ce que j'étais, alors pourquoi aller à contresens ? Surtout, il me devenait impossible de concilier mon travail de fleuriste et mon activité de médium. J'étais épuisée. Je me levais chaque matin à cinq heures et demie, car j'avais au moins une heure et demie de transport pour rejoindre mon lieu de travail. Et puis, mon métier était physique : je devais m'occuper des plantations, arroser, porter des choses parfois lourdes. Je rentrais chez moi vers dix-huit heures et, là, je commençais ma deuxième journée, en tant que médium. J'enchaînais les rendez-vous pris par les consultants par l'intermédiaire de mes réseaux sociaux. Je notais tout minutieusement sur un calendrier et je voyais les cases se noircir et se noircir encore. Mes consultations, mon métier de fleuriste, ajoutés au fait que j'avais toujours beaucoup de mal à m'endormir le soir, c'était l'horreur ! J'étais rincée, je tirais trop sur la corde. Cela ne pouvait pas continuer.

Cette fois, j'étais sûre de moi. D'un coup, je décidai de réagir, de mettre un grand coup de pied dans la fourmilière, de démissionner et de me lancer. Je pouvais avoir la crainte de ne pas avoir d'assise financière, de me lancer dans l'inconnu, mais je ne subis aucun de ces questionnements. Je ne me prenais plus la tête pour rien, je lâchais prise, je suivais ma voie, j'étais bien en place.

Eh oui, j'en suis là aujourd'hui. Je vais me lancer à cent pour cent, ce choix me rend épanouie, heureuse. Bien sûr, comme tout le monde, je suis encore sujette au stress et j'ai parfois des soucis, mais les angoisses que j'ai pu connaître, c'est terminé. Je ne me pose plus les sempiternelles questions : Qu'est-ce que je vais devenir ? En quoi consiste le fait de vivre sur cette terre ? J'ai eu toutes les réponses à mes questions, il m'a fallu plus de vingt ans, mais j'y suis arrivée. Oui, il y a une vie après la mort. Oui, les anges existent. J'ai fait beaucoup de théorie, beaucoup de pratique aussi, et j'ai eu mes preuves. À partir de maintenant, je fonce.

J'ai l'intime conviction que cela existe après l'avoir expérimenté moi-même et, pourtant, vous avez pu le constater, il faut que je voie pour croire. J'ai vu. Je le répète, j'ai eu beaucoup de preuves, de confirmations, je suis SÛRE. Je ne cherche pas à vous convaincre, juste à vous ouvrir l'esprit, cela peut changer votre vie.

CHAPITRE VII

MA NOUVELLE VIE : L'ÉCOUTE DE LA MORT

Bon, eh bien, ça y est… Nous y sommes. C'est aujourd'hui que commence ma vraie nouvelle vie, je suis médium à présent, à temps complet… C'est parti… Je suis très heureuse et à la fois un peu anxieuse. J'ai comme l'impression d'effectuer une plongée dans le vide, je ne sais pas trop ce que je vais faire et je n'ai pas encore une idée précise de l'organisation de mon quotidien. Afin d'assumer ma nouvelle fonction, je commence à distiller la nouvelle auprès de mon entourage. Mes amis ne cachent pas leur enthousiasme, ils sont ravis pour moi et, il faut l'avouer, pas très étonnés. Ils connaissent depuis toujours mon intérêt pour le « mystique », j'ai toujours été un peu surprenante dans mes démarches. Quant à mes parents, leurs réactions ont finalement été assez opposées. Ma mère m'a tout de suite fait part de sa satisfaction, elle sait que cela marche plutôt bien pour moi depuis quelque temps, elle me fait confiance. Il faut dire aussi qu'elle croit à « toutes ces choses-là ». Le monde des esprits, les défunts, cela ne lui fait pas peur, cela aurait même tendance à l'attirer, tout comme la voyance et la cartomancie. Pour mon père, c'est différent. Le paranormal, ce n'est pas son truc. Il semble même plutôt sceptique, rien de très étonnant, il est terre à terre. Ce que je m'apprête à faire n'est pas un vrai travail selon lui. Il ne me l'a jamais dit évidemment, mais je l'ai ressenti. Il me demande régulièrement : « Ça marche ton truc ? » Cela me fait sourire, je sais très bien que quelques mois plus tard, il me fera part de sa fierté. Oui, les avis sont mitigés dans mon cercle familial même si l'idée générale ressemble à celle-ci : « Ce n'est pas tellement inattendu, elle est un peu la bizarre de la famille. »

Peu importe, je les informe parce qu'ils comptent pour moi, mais je ne demande aucune approbation. Quand je veux ou que j'aime quelque chose, le regard des autres ne me fait pas peur et ne m'intéresse que moyennement. L'important est de savoir ce dont MOI j'ai envie, ce qu'il me faut pour avancer, il n'y a que moi qui puisse le savoir. J'ai pris conscience de tout cela en devant adulte puisqu'en effet, aujourd'hui, je me sens adulte, en accord avec moi-même. Que l'on me critique, que l'on m'encense, je m'en fiche, j'ai trouvé ma voie et je vais la suivre, sans m'inquiéter de ce que pensent les autres. Maintenant que les choses sont dites, je dois me donner les moyens d'avancer.

Première étape : me créer un site Internet. Les réseaux sociaux, c'est bien, mais j'ai besoin désormais de me présenter en tant que professionnelle. Je fais les comptes et me dois d'être pragmatique, je n'ai pas les moyens d'engager quelqu'un pour m'aider, j'ai exactement zéro euro en poche et zéro euro de côté. On ne va pas se mentir, mon mode de vie actuel s'apparente à de la survie, j'agis « à la débrouille » et je me suis trouvé une vocation pour la cuisson des pâtes, que je mange à chaque repas. Je m'improvise alors webmaster et crée moi-même mon site. De toute manière, j'ai toujours préféré me débrouiller toute seule et je constate que cela ne fonctionne pas mal ! Mon site est prêt, tout beau, je l'ai pourvu d'un agenda en ligne pour que les consultants puissent prendre rendez-vous en ligne aisément. Il ne me faut que peu de temps pour constater que la mayonnaise est réellement en train de prendre ! Mes journées se mettent vite en place, j'ai plein de rendez-vous, aussi bien en voyance qu'en contact défunt. Il me reste encore des soucis à régler, et pas des moindres. À commencer par ma confiance en moi, ma légitimité. J'ai cette peur de ne pas assurer, je sais que je la dois à ma timidité, je n'ose pas toujours me lancer, taper du poing sur la table. Le problème, c'est que certains consultants le ressentent. Certaines séances se passent d'ailleurs très mal, même si je me trompe rarement, pour ne pas dire jamais. Mais je suis une jeune médium, je vois des défunts depuis toute petite, cependant n'ai appris à communiquer avec eux que récemment, les faits sont là, je suis une débutante et ce statut fait office de parasite dans mon esprit.

Un jour, un homme prend contact avec moi pour en savoir un peu plus sur son avenir. Je ne mens pas, je suis authentique et je lui révèle que sa vie s'apprête à être chamboulée, qu'il subira une véritable remise question dans les cinq prochaines années. Il s'énerve. Je conçois totalement qu'il est difficile pour quelqu'un d'entendre cinq ans auparavant que sa vie sera bouleversée. Très agacé, il me parle avec une incorrection sans nom et me raccroche au nez. De quoi perdre un peu plus d'assurance, je ne sais pas encore que, quelques années plus tard, il me recontactera pour reprendre rendez-vous avec moi en faisant mine d'avoir oublié la manière dont il m'a traitée. Bien sûr, je n'aurai pas d'excuses et, bien sûr, je ne remettrai pas de l'huile sur le feu. C'est comme ça et je constate tous les jours, certaines personnes n'ont pas envie d'entendre ce que j'ai à leur dire si cela ne va pas dans leur sens. Mais à chaque consultation qui tourne mal, je perds un peu confiance. Je ne veux pas me sentir découragée, c'est mon métier, c'est ce que je veux faire, je dois trouver une solution et régler ce problème de légitimité. Je dois m'affirmer, il n'y a qu'une solution pour cela : mettre en place des tarifs. J'ai passé le stade des dons libres, c'est ma profession aujourd'hui, j'ai besoin d'être reconnue pour mon travail. J'ai un vrai problème avec le rapport à l'argent, notamment parce que j'ai toujours entendu : « Tu possèdes un don, il ne faut pas que tu fasses payer les gens pour ça. »

C'est faux. J'ai énormément travaillé pour en arriver là, j'ai pris des centaines de leçons avec mes guides spirituels, et tout est une question d'échange. Lorsque l'on donne quelque chose à quelqu'un, il doit y avoir un juste équilibre avec ce que l'on reçoit. Depuis toujours, je n'ai fait que donner. Je ne parle pas que du domaine professionnel, non, c'est l'histoire de ma vie. J'ai toujours donné sans rien attendre en retour, je n'ai jamais pensé à moi, je n'acceptais même pas les cadeaux, j'étais mal à l'aise lorsque l'on m'offrait quelque chose, même lorsque l'on me payait en échange d'une consultation. Pourquoi ? Parce que je ne me sentais pas légitime. Les débuts de mon activité de médium m'ont en ce sens donné une grande leçon de vie : il faut accepter que l'on te tende la main, accepter ce que l'on t'offre, accepter que l'on soit agréable et gentil avec toi. Cette réflexion découle de mon expérience, on m'a régulièrement envoyé des consultants désagréables, qui pensaient que tout leur était dû, qui abusaient de mon hospitalité et de ma gentillesse, qui m'en demandaient trop. Je ne voulais plus ressentir ce type d'aigreur alors que mon objectif principal était d'aider les gens. J'ai donc décidé de fixer un prix que j'estime à la hauteur du service que je peux leur rendre. C'est la seule façon d'être prise littéralement au sérieux et de me sentir professionnelle. L'argent, cela peut être un bout de papier, des chiffres inscrits sur un chèque ou dans une fenêtre Internet et, quand on meurt, on ne part pas avec son argent. Il s'agit donc d'une énergie purement terrestre, un moyen de mesure universel. Dans ce cas, prenons-le comme il est, une énergie représentant l'échange : « Je donne, je reçois. » Lorsque tu fais quelque chose pour quelqu'un, tu dois recevoir quelque chose en retour. Avec mes amies par exemple, j'ai déjà l'habitude de pratiquer un échange de prestations, c'est-à-dire qu'au terme d'une séance de voyance ou de contact défunt, je me vois offrir une consultation, un collier énergétique ou une peinture. Je trouve cela génial et cette notion de partage m'a aidée à fixer des tarifs. Dès lors, un changement s'opère, dans mon travail et dans ma vie, je suis une médium, j'ai conscience de mes capacités et je ne me laisserai plus marcher sur les pieds. J'ai souvent été trop gentille, ce qui m'a valu de recevoir de grosses claques. Je suis désormais une adulte, professionnelle et affirmée.

Cela dit, je ne perds pas de vue mon objectif principal, celui de venir en aide à des personnes dans le besoin, tristes ou désarmées. Je leur offre toute mon empathie, je veux qu'elles aillent mieux, qu'elles évoluent, qu'elles trouvent la paix à travers les messages que je peux leur délivrer. Chaque jour, je veux faire de mon mieux pour que les gens soient heureux. Évidemment, je ne vais pas mentir, certains jours, c'est très difficile. Je rencontre parfois des hommes, des femmes submergés par le chagrin, en proie à de grandes difficultés dans leur existence. Je m'efforce de les accueillir très humainement, naturellement, il n'y a pas de faux-semblants ou d'attitude commerciale de ma part, je déteste cela.

Je traite mes consultants comme mes amis, d'ailleurs, je n'aime pas les vouvoyer, je leur demande quasi immédiatement si le tutoiement est possible. J'ai besoin de cette proximité pour entrer au plus profond de leur intimité. J'ai affaire à des humains qui ont du vécu, de l'expérience, je ne parle pas à des clients ou à des automates, je veux les sentir proches de moi. J'ai tendance, en effet, à ne pas leur imposer de limites... Contrairement aux défunts. Je les vois continuellement, tous les jours, partout. Je les sens, je les vois, je ne me sens plus jamais seule, c'est épuisant et tellement pesant. Ils m'empêchent de m'endormir le soir, je les vois dans ma salle de bains et même aux toilettes ! C'est gênant, j'ai l'impression de ne plus avoir de temps pour moi ni d'intimité, mais j'apprendrai tard qu'ils se fichent du côté « physique » et ne se concentrent que sur l'âme de la personne. De quoi rassurer ma pudeur, certes, mais j'aimerais pouvoir contrôler leurs manifestations malgré tout ! C'est un exercice très difficile : après avoir lâché prise, je dois maintenant apprendre à contrôler, c'est un comble ! Je me suis entraînée, des heures, des jours, à dompter mon troisième œil et à tenter de le mettre sur pause. Je me mets des œillères et je me concentre sur cette intention très forte de ne pas être en proie aux différentes manifestations des esprits. Je tente de ne pas voir, c'est ce que j'ai essayé de faire toute ma vie mais, là, c'est en connaissance de cause. Je ne les rejette pas, je veux juste faire des pauses quand j'en ai besoin. Je sors donc ce que j'appelle « mon filtre d'adulte ». Pendant quelques instants, je fais comme si les défunts n'étaient pas là, qu'ils n'existaient pas. Cependant, je les sens tout au fond de moi, mais je me transforme en boîte vocale automatisée, je ne leur réponds pas, je les rappellerai quand je serai disponible.

Cette méthode fait ses preuves. J'y arrive peu à peu, je prends de l'assurance et arrive même à donner des règles, des consignes aux défunts. Lorsque l'un d'eux se présente à moi alors que je ne me sens pas disponible, je lui dis clairement que je suis occupée, qu'il doit revenir plus tard, il m'arrive de l'orienter vers d'autres médiums susceptibles de lui ouvrir la porte. Je demande aux défunts de ne pas me déranger la nuit, de ne pas entrer dans ma chambre sans en avoir l'autorisation. Pour être tout à fait tranquille, je leur impose également des créneaux horaires et les invite à prendre contact avec moi entre quinze et vingt heures, soit au moment de mes consultations. Dans un travail « normal », on se contenterait de ne pas ouvrir sa boîte mail ou de ne pas répondre au téléphone les soirs et week-ends, moi, je dois donner mes directives aux esprits pour avoir le droit de déconnecter. Je dois reconnaître que mon travail semble porter ses fruits, ils me respectent. Mais ce n'est pas toujours possible. Parfois, le défunt a un besoin d'aide urgent et se montre très insistant, dans ce cas, je n'ai pas d'autre choix que de l'écouter. Ce type de cas survient généralement à l'extérieur ou, en tout cas, en dehors de chez moi. J'ai beaucoup de mal à imposer mes règles et mes limites chez quelqu'un d'autre. D'ailleurs, lorsque je ne dors pas chez moi, j'ai de grosses difficultés à contrôler les visites des défunts. En tous les cas, en ce qui me concerne, cela fonctionne de cette façon.

Il n'est pas toujours évident pour de moi de mettre des barrières entre mes consultations de voyance et le contact défunt. C'est parfois incontrôlable, trop fort pour être maîtrisé. Un jour, une jeune femme a voulu me consulter pour une voyance d'une heure par téléphone. Afin de me connecter au plus fort à elle, je lui ai demandé une photographie. L'image, associée à sa voix, a tout de suite créé un lien entre nous. Elle s'interrogeait grandement sur son avenir professionnel. J'ai écouté ses questions et ai commencé à battre mes cartes, comme à mon d'habitude. À cet instant, j'ai commencé à lâcher prise, elle faisait partie de ces personnes avec qui le courant passait particulièrement bien. Nous étions en confiance elle et moi. Je la sentais ouverte, détendue, et il est vrai que dans ce cas, les informations m'arrivent de manière bien plus fluide. Je voyais beaucoup de choses sur son passé, sur son avenir. Ce n'est pas toujours le cas, certaines personnes réfractaires ferment leur canal et, dans cette situation, le médium ou le voyant ne peut rien voir, les barrières sont trop grandes. Nous étions loin de cela, cette jeune femme me suivait religieusement. Tout à coup, alors que j'avais les yeux sur mes cartes, j'ai senti la présence d'un homme dans la pièce, une présence insistante. Les mots « papa » et « le père » retentissaient dans ma tête. Je ne savais pas si ces paroles étaient pour ma consultante. Dans le doute, j'ai attendu quelques secondes, puis quelques minutes, mais « papa » et « le père », continuaient de résonner, sans interruption. Là, je n'avais plus de doutes, cela la concernait directement. Un peu stressée et prise par une peur de divaguer, je me suis tout de même lancée, j'ai décidé de me faire confiance et je lui ai posé la question :

– Il y a quelque chose avec ton père ? Il est décédé ? Je vois un homme.

Elle me répond illico :

– Oui, mon père est décédé.
– Il est avec nous en ce moment ?
– C'est dingue, inconsciemment, je voulais qu'il vienne, mais je n'y croyais pas.
– Il a répondu à ton appel, il est là.

Notre séance de voyance s'est donc transformée en contact défunt. Cet épisode m'a marquée par sa spontanéité, cet homme a tenu, de lui-même, à venir avec nous et discuter. Il voulait dire à sa fille qu'il allait bien. Il était drôle, faisait beaucoup de blagues et prenait plaisir à taquiner sa fille, c'était un moment de partage très agréable et beau à la fois. Ce genre d'épisode me touche énormément, j'en ai les larmes aux yeux à chaque fois, même lorsque j'en reparle. Les défunts gardent tous leurs traits de caractère, leur amour est enveloppant et même si cela peut se révéler épuisant, ils ont cette capacité de nous apporter des vagues de bonheur. C'est magnifique.

Mes séances de voyance ont ceci de spécial qu'elles me plongent à la place de la personne qui me consulte. C'est-à-dire que si elle s'est foulé la cheville ou qu'elle risque de se faire mal, de se cogner dans les jours à venir, je ressens tout cela. C'est ce que j'appelle les « douleurs fantômes », elles me font mal, pas physiquement mais dans mon esprit. Cela m'est arrivé notamment avec une dame avec qui j'étais au téléphone, je lui ai dit :

– J'ai très mal à la cheville... Vous n'avez pas un problème au pied ?
– Il est vrai que je boite depuis quelque temps, je ne sais pas trop ce que j'ai.
– Alors, je vous le dis, cela ne semble pas s'arranger prochainement, il faudrait que vous alliez consulter et que vous passiez des radios.

Là, je l'avais au téléphone. Mais il m'arrive aussi de ressentir ces douleurs en me basant uniquement sur une photographie. Je sens les faiblesses de la personne, ses problèmes physiques, ses émotions du moment, je vois les défunts et les autres âmes qui l'entourent, son guide spirituel, je vois aussi des chakras en dysfonctionnement ou des blessures de l'enfance. Celles-ci sont flagrantes et on voit qu'elles sont là, bloquées depuis plusieurs années. Je vois donc tout. Absolument tout. Même toute seule, j'ai l'impression d'être entourée d'une foule, comme dans un centre commercial aux abords des fêtes de fin d'année.

Et pourtant, oui, je suis bien seule. C'est l'autre obstacle auquel je me cogne rapidement : l'enfermement. C'est compliqué de travailler toujours de chez soi. Si vous avez été contraint de pratiquer le télétravail en raison du confinement, vous comprenez certainement de quoi je parle. Je ressens souvent le besoin de sortir, de m'évader, alors je prends mon manteau, saute à l'extérieur et déambule dans les rues de Paris. Malheureusement, je suis à chaque fois déçue. Ce brouhaha des voitures, bus, scooters, les klaxons, la pollution, les gens vivant à cent mille à l'heure ne prenant même pas la peine d'adresser un regard à la personne qu'il croise de près, la tristesse... Ces énergies ne me plaisaient plus du tout. Mes balades me stressent plus qu'autre chose et je rentre chez moi éreintée. Quelque chose cloche, mon corps, mon esprit sont en train de vivre une véritable renaissance qui contraste beaucoup avec l'environnement dans lequel j'évolue. J'ai compris. Je dois quitter Paris au plus vite. Je l'annonce à ma mère qui a visiblement du mal à assimiler la soudaineté de ma décision. Je n'ai plus que cela en tête, je fais des recherches pour trouver la région qui me conviendrait le mieux. Depuis toute petite, je n'aspire qu'à cela finalement : la nature, la campagne, les animaux. Je penche d'abord pour un projet de départ à l'étranger, mais ma famille me manquerait trop. Je réfléchis encore et après avoir hésité entre la Bretagne que j'adore (sûrement en partie pour son côté mystique) et le lac d'Annecy, je tranche : ce sera la région Auvergne-Rhône-Alpes, plus exactement la ville de Vichy. Je connais bien l'endroit, j'y ai de la famille, je sais que je m'y sentirai bien, et puis… cette région est tout de même le lieu de ma toute première vision ! C'est un signe du Ciel, un retour aux sources pour ma renaissance. Me lancer dans la médiumnité a été pour moi une libération, je me suis débarrassée de toute fausseté, de mes chaînes aux pieds, les masques sont enfin tombés et, pour être tout à fait en accord avec moi-même, je dois aussi trouver ma place d'un point de vue géographique. De toute manière, je ne peux pas lutter, quelque chose d'invisible me pousse à partir.

Et ce grand jour est enfin là. Je charge mes affaires dans le camion, c'est l'heure du grand départ et je peux dire que c'est l'un des jours les plus heureux de ma vie. Pour une fois, je n'ai pas peur d'entreprendre quelque chose et de me lancer. J'ai toujours eu plein d'idées, une certaine niaque, mais je suis rarement allée jusqu'au bout. Cette fois, c'est différent, je m'écoute, j'assume mes choix, c'est une nouvelle vie dans ma nouvelle vie. C'est sûr, l'heure du changement a bel et bien sonné.

CHAPITRE VIII

APPRENDRE À VIVRE AVEC LES DÉFUNTS

J'adore mon nouvel appartement et je ne parle pas que du prix qui n'a, sans surprise, rien à voir avec Paris. Je me sens si bien, j'ai le sourire aux lèvres et j'adore ma ville. Vichy est un endroit très agréable, tout y est joli, et son architecture ancienne me fascine à chacune de mes promenades. Je suis convaincue d'avoir pris l'une des meilleures décisions de ma vie. Je recrée mon petit cocon douillet, prête à reprendre le travail.

Je n'ai de toute manière pas vraiment le choix, j'ai déjà pas mal de visites de l'au-delà dans mon nouveau chez-moi. La fenêtre de ma cuisine donne sur un joli petit chemin de rue, très agréable, avec beaucoup de passage et d'animation. J'y vois d'ailleurs une personne tous les jours, un homme, depuis ma fenêtre bien sûr. C'est une ruelle que j'adore emprunter pour flâner un peu avant de regagner mon domicile. Et à chaque fois, je vois ce même homme, du coin de l'œil. Il a un long manteau, une sorte d'imperméable, il porte un chapeau, une petite valise, il semble tout droit sorti d'un film en noir et blanc, je pourrais facilement le comparer à l'inspecteur Maigret. Que je sois dans la rue ou que j'observe depuis ma cuisine, il est toujours là, à faire les cent pas. C'est très étonnant, je le vois avec mes yeux et non mon esprit et, pourtant, il ne me semble pas vivant.

Pour en être certaine, j'ai de nouveau recours à ma bonne vieille méthode. Je prends une photo de ce fameux chemin, vide, et je l'envoie à mon groupe de médiums avec cette légende : « Voyez-vous quelque chose ? » Les réponses fusent immédiatement : « Oui, il y a un monsieur portant un long manteau et un chapeau, il est en train de marcher. » En étant confrontée à ce verdict sans appel, j'éclate de rire. C'est clair maintenant, il faut impérativement que j'arrête de douter de moi ! Ce que je vois est vraiment là ! J'ai toujours ce souci de légitimité qui me hante un peu, même s'il commence à s'évaporer.

Toujours est-il que ces premiers temps en province me conviennent parfaitement. Mon déménagement ne change rien pour mes consultants, ils viennent de toute la France, c'est pour cette raison que je privilégie les contacts par téléphone ou par mail, via mon site Internet. Cette manière de travailler me permet d'aider un plus grand nombre, et puis je me vois mal dire à quelqu'un : « Ah, tu habites loin ? Je ne peux pas t'aider alors ! », cela me paraît inconcevable ! Peut-être un jour ouvrirai-je un cabinet mais, pour le moment, je me sens très bien comme ça, j'aime être dans mon nid douillet pour conseiller, écouter. J'apprécie le confort de mon bureau, j'ai la possibilité de faire ce que je veux entre deux rendez-vous. Le bémol est que je ne sors pas beaucoup, j'ai parfois l'impression d'être une vieille sorcière qui se cache dans sa caverne, mais dès que je sens que ce côté casanier me pèse trop, je sors, je vois du monde, je vais au restaurant, je rencontre des amis. J'ai vraiment la sensation d'avoir trouvé un équilibre, je suis là où je dois être, tout est parfait.

Mon activité décolle, je me sens bien plus affirmée et je me fais confiance, ce qui est essentiel dans ce métier. Je trouve un rythme qui me convient parfaitement. Je dédie mes matinées à des tâches classiques, du ménage, un peu de rangement, en toute quiétude. Je réserve mes après-midi et mes soirées à mes consultations. C'est un choix, je trouve les consultants bien plus détendus à la fin de leur journée de travail, ils sont plus concentrés et l'échange est nettement plus fluide, c'est d'ailleurs pour cette raison que je travaille aussi les week-ends. Je vois mon planning se remplir à une vitesse impressionnante et j'enregistre maintenant deux mois d'attente pour prendre de nouveaux rendez-vous. C'est la plus belle des récompenses, cela veut dire que l'on apprécie mon aide et que je réponds aux attentes des gens.

Je vis des aventures de plus en plus fortes, intenses, profondes. Comme ce jour où je reçois une demande de rendez-vous d'une jeune femme sur mon site. Elle a perdu sa mère il y a peu et a des questions à me poser. Je suis la démarche habituelle, elle me fournit une photo de sa maman, ses nom et prénom ainsi que la date de son décès. Devant ces informations et surtout en voyant la photo, je me dis que quelque chose de fort va se passer. Le jour du rendez-vous, nous nous rejoignons sur WhatsApp et j'explique à ma jeune consultante la manière dont nous allons procéder.

– Je vais voir des images, entendre des choses, tu me diras si tout cela te parle.

– D'accord, je te suis.

Comme d'habitude, je commence par me mettre dans un état méditatif. Je regarde cette photo de cette belle femme blonde, coquette, elle dégage quelque chose de très avenant, je vois que c'est quelqu'un qui donne beaucoup de sa personne. Oui, je vois une personnalité très sympathique... Mais lorsque le premier contact s'instaure entre la défunte et moi, je perçois des secrets, je les sens. Je m'empresse de l'expliquer à ma consultante qui ne répond pas. Le premier élément que je ressens et que j'entends, c'est qu'elle est partie dans un contexte violent, ses émotions avant de partir étaient au plus bas. J'étais face à une dame visiblement dépressive qui avait beaucoup de soucis avant de partir, il y a quelque chose de très lourd. D'un coup, je sens une émotion forte, j'ai la gorge nouée par des non-dits et encore ces secrets qui reviennent.

– Il y a quelque chose que votre mère ne vous a pas dit avant de partir.

– C'est possible. Je ne comprends pas pourquoi elle est partie.

– Je me sens dans un état second, c'est très intense en émotion. J'ai une première image : quelque chose lui a comprimé la respiration, je sens mon cou bloqué.

– Oui, ma mère s'est... pendue.

Cette si belle femme s'est en effet pendue, dans une chambre d'hôtel. Elle voulait se cacher pour mourir, elle n'avait fait part de son envie de mourir à personne. Je ressens la profonde tristesse de la jeune femme, c'est normal, elle a perdu sa mère et ne sait pas pourquoi. Je reprends.

– Je vois le mois de novembre qui est écrit. Elle est partie en décembre, mais son suicide était prémédité depuis un mois. Elle y pensait depuis un mois, mais s'est décidée à passer à l'acte en novembre.

Je sens que la jeune fille est dans l'incompréhension.

– Elle ne supportait plus de vivre sur cette terre, c'était trop difficile pour elle, aussi difficile que de révéler son vrai souci, son secret, la raison de son suicide. Je sens quelque chose qui la ronge de l'intérieur, une honte, quelque chose qui l'a blessée.

À cet instant, je m'adresse directement à la défunte pour lui demander si elle souhaite révéler, devant sa fille, la raison de son acte. Je lui fais comprendre que sa fille ressent que sa maman l'a abandonnée et que c'est très difficile pour elle de ne pas savoir pourquoi. La mère donne son accord. Je poursuis.

– Cela devient plus précis. Quelque chose de très grave s'est passé durant son enfance. Tout au long de sa vie, elle n'est jamais parvenue à s'en remettre. C'est quelque chose de honteux, elle se sent sale, c'est en rapport avec le sexe. Elle a subi un viol.

Je marque une pause pour que ma consultante prenne le temps de digérer l'information et je continue.

– Il y a peu, elle a été victime d'un burn-out au travail. Ce sont les critiques et les humiliations de son ancien patron qui ont été la goutte faisant déborder le vase. Cette situation a fait remonter à la surface l'humiliation qu'elle avait déjà l'impression d'avoir subie après l'agression sexuelle dont elle fut victime.

Rarement un défunt ne m'avait aussi bien retranscrit son mal-être. Je me sens sale, humiliée, coupable, comme cette pauvre femme. Les critiques, la pression à son travail l'ont ramenée à cet événement traumatisant de son enfance. Elle a toujours l'impression d'être face à son bourreau et elle ne peut pas effacer ça. Je sens une immense souffrance. Elle se sent si mal, dans l'impossibilité d'effectuer un retour en arrière, de se libérer. Elle me fait comprendre que la seule libération pour elle était de partir, de changer complètement. Elle n'en pouvait plus. Je sens en ce moment même qu'elle est à bout. Ce n'était plus possible pour elle de rester en vie. Elle s'est toujours sentie coincée, enfermée dans un corps qu'elle n'acceptait plus, il était trop sale. Non, ce corps, elle ne le supportait plus, il n'était pas le sien, il était resté entre les mains de son agresseur, ce corps, il n'était plus là depuis longtemps finalement. Elle ne pouvait plus le récupérer, on le lui avait volé, tout comme son innocence.

J'expose ces mots et ces images très durs à sa fille. Tout ça, je l'ai compris à travers ses yeux, ses émotions et les messages qu'elle m'a délivrés. Je me suis sentie, l'espace de quelques minutes, victime de viol, moi aussi. Sa douleur était extrêmement puissante. Je me suis sentie comme elle, dans son corps, dans son esprit. Je me mets à pleurer, je ne peux plus tout contenir. Lorsqu'elle a dévoilé sa vérité à sa fille, j'ai tout de même senti une sorte de soulagement, une libération, son âme est montée d'un palier, elle s'est levée, clairement. Je sens que cette maman, délestée de son secret, est en train de monter vers la lumière maintenant, elle rejoint la source.

Devant ces révélations, sa fille n'a rien dit pendant quelques minutes.

– Un viol ? Sérieusement ? Je ne savais pas. Vous pensez vraiment que c'est ça ? Je vais en parler à ma sœur, cela m'étonnerait qu'elle soit au courant, mais je vais lui demander.

La séance se termine. La jeune fille, bien qu'un peu meurtrie, est très contente d'avoir été contact avec sa mère. Toutefois, elle a le doute. C'est normal, je viens de lui annoncer quelque chose de très grave, c'est une révélation incroyable et choquante. Vous savez, même si je suis sûre de ce que j'ai vu et perçu, j'ai moi-même toujours cette part de doute ou une appréhension. Je garde les pieds sur terre, je me remets perpétuellement en question. J'ai beau avoir toujours raison et tomber juste, je sais qu'il m'arrive de bouleverser mes consultants, et ce n'est pas toujours évident à assumer.

Quelques jours plus tard, la jeune femme revient vers moi en m'envoyant un mail me confirmant que sa sœur était au courant du viol subi par leur mère. Elle n'a rien dit, a gardé ça pour elle, préservant ainsi un secret douloureux pour la famille. Une confirmation donc, on peut clore ce livre, même si je suis certaine de ne jamais oublier cette séance. Elle a agi comme une libération pour une mère et ses enfants. Les filles ont eu des réponses, la mère peut enfin être en paix. Il fallait que ce soit dit.

Le suicide est un sujet piquant, malaisant, et qui se confronte à nos croyances diverses, la religion y compris bien évidemment. Il faut savoir que si une personne décide de mettre un terme à sa vie sur terre, son âme ne tombe pas forcément dans le bas astral, dans les « limbes » ou en « enfer ». Les gens qui ont décidé de se suicider vont aussi rejoindre la source et, finalement, trouver cette lumière. Certes, certains auront plus de difficultés à l'atteindre puisqu'ils seront encombrés de leur avis, leurs préjugés sur leurs actes et leurs pensées qui les alourdissent grandement. La « source » ou « Dieu », selon le terme que vous préférerez, accepte tout le monde, l'unique juge, c'est nous-mêmes. En aucun cas, la source ne se permettrait de penser ou dire : « Tu n'es pas digne de monter dans la lumière. » Nous, en revanche, avons ce pouvoir. Ce pouvoir de se bloquer, de se freiner, de se dire que nous ne valons rien. Nous pouvons être cruels avec nous-mêmes, nous sommes nos pires juges face à nos vies et nos actions, même lors de notre vivant. L'unique élément qui peut nous empêcher d'évoluer de l'autre côté, c'est bien simple, c'est nous-mêmes. Ouvrons-nous, soyons moins stricts, moins méchants, plus ouverts envers nous. Nous avons le droit à l'erreur et à l'imperfection.

Cela dit, il faut bien être conscient du fait que le suicide ne résoudra jamais nos soucis du vivant puisque l'âme et l'esprit subsistent avec leur lot de souffrances, des souffrances que nous emporterons toujours avec nous depuis le terrestre jusqu'à l'au-delà. La seule manière de nous sentir bien, sereins, en phase avec nous-mêmes, c'est de faire face à nos soucis, de nous guérir de l'intérieur. En effet, il n'est pas utile d'aller chercher à l'extérieur une solution à nos problèmes, elle se trouve en nous, rien qu'en nous, au plus profond. Faisons sauter les croyances limitantes, changeons notre regard face à notre vie, modifions nos perceptions de nous-mêmes, soyons plus indulgents. La vie – sur terre du moins – n'en sera que plus douce.

Cette consultation extrêmement éprouvante m'a fait réfléchir, énormément, sur le sujet du suicide. C'est fou, c'est dramatique, on peut donner tous les qualificatifs du monde à cette histoire. C'est ma vie, ce n'est pas rationnel, aucun mot n'a encore été inventé pour coller parfaitement à mes expériences du quotidien. C'est au-delà de tout langage. Pour autant, je ne suis pas confrontée uniquement à des moments tragiques. Il y a aussi des histoires touchantes qui vous donnent foi plus que jamais en l'amour inconditionnel. Comme l'histoire de cette jeune femme. Notre rendez-vous est déjà programmé depuis longtemps. Elle m'a exprimé le vœu de contacter son grand-père. J'ai procédé de la même manière qu'avec tous mes consultants, je lui ai demandé une photo de défunt, ses nom et prénom ainsi que sa date de décès. Je lui ai également demandé le mode de communication souhaité entre elle et moi. Ce sera par notes vocales sur l'application WhatsApp. Je n'ai aucun problème avec cette manière de fonctionner. Je comprends qu'un contact avec défunt puisse mettre beaucoup de pression à la personne concernée. Moi-même, si je ne connaissais pas ce monde, je serais probablement terrifiée, je n'aurais pas envie que l'on m'entende pleurer. Se mettre à nu, de telle façon, peut être une expérience effrayante pour une personne qui n'a pas l'habitude de se livrer. Mon souhait est que chaque personne faisant appel à moi se sente le plus à l'aise possible. C'est donc mon consultant qui choisit son mode de communication, je tente de me mettre à sa place autant que faire se peut et je sais que l'on a moins peur lorsque l'on se sent protégé, le mail ou le tchat peuvent justement faire office de protection, de barrière.

Je commence donc la séance avec cette jeune femme très sympathique, elle veut contacter son grand-père et savoir s'il va bien... là où il se trouve... J'étudie attentivement la photo de ce monsieur, il est vieux, a l'air joyeux, il fait plaisir à voir. Cet homme me semble festif, bien en chair, carré, si j'osais être familière, je dirais qu'il s'agit d'un « papi-doudou », adorable mais avec un sacré caractère ! Je pense ne pas me tromper, nous entrons très vite en communication, lui et moi. Visiblement, il a très envie de s'exprimer. Je le vois directement sur un plan très élevé, il possède une énergie très positive. Sans attendre, il me montre distinctement une image, j'y vois une petite fille, toute mignonne, elle porte une robe blanche, une « robe qui tourne », pour ne pas dire une robe de princesse. Elle porte également un chapeau à bords larges, c'est doux et romantique à souhait. Cette image est aussi poétique que *Le déjeuner sur l'herbe* de Claude Monet. Je décris ma vision à ma jeune consultante, elle me répond aussi sec :

– Je sais exactement de quoi tu parles. Tu me décris une photo qui existe, elle est même exposée chez mes parents. Cette petite fille, c'est moi ! Elle a été prise lors du mariage de mes parents justement !

Elle ne tarde pas à m'envoyer cette fameuse photographie. C'est incroyable, c'est exactement l'image qui s'est présentée à moi. Elle est un peu choquée, mais tient à poursuivre la séance. Son grand-père, plein de bonhomie, continue de me parler. Il aime tellement sa petite-fille qu'il veut lui faire part des moments heureux qu'il a partagés avec elle, comme le jour de ce mariage où ils étaient réunis et souriants. C'est tellement attendrissant. Je suis submergée par cet amour énorme et puissant entre un grand-père et sa petite-fille. Ils s'adressent tous les deux des messages de joie, de sentiments, de tendresse, je suis leur intermédiaire et j'aimerais que cela ne s'arrête jamais. C'est beau, magique, émouvant, leur relation est fantastique et mérite en effet d'exister au-delà de la mort.

Les liens entre grands-parents et petits-enfants sont régulièrement au cœur de mes consultations. Il s'agit d'unions très fortes, aussi bien sur terre que sur d'autres plans. Peu de temps après cette expérience, j'entame un rendez-vous avec une autre femme souhaitant entrer en contact avec son grand-père. Mais ce fameux grand-père me montre immédiatement l'image d'une petite fille avec une dent en moins. Il insiste lourdement sur cette dent qui est en train de partir. J'en parle aussitôt avec ma consultante.

– Dis-moi, ta fille n'aurait pas perdu une dent ? Ou alors a-t-elle un souci avec sa dentition ?

– Non, elle n'a pas perdu de dent, non ça ne s'est pas passé.

Intriguée, je continue en faisant abstraction de cet épisode. Je discute avec elle et lui transmets tout ce que peut me dire son grand-père, c'est une fois encore tendre et émouvant, il fait largement part de son goût pour les festivités, il est gai et souriant. La consultation est vraiment douce et très agréable, parfois drôle. Les anecdotes se succèdent, elle me les confirme. Il n'y a rien de sensationnel ni d'extravagant, il s'agit d'une relation très affectueuse entre une petite-fille et son grand-père. La séance s'achève, nous nous saluons, je prends un peu de temps pour évacuer toute cette énergie et, moins d'une heure après, je reçois un mail de la jeune femme. Elle m'explique avoir contacté ses parents pour leur expliquer la séance, leur dire que « Papi allait bien », et elle a ajouté : « La médium m'a parlé des dents de ma fille. » Son père, estomaqué, lui a répondu aussi sec : « On voulait t'en parler, ta fille vient de perdre une dent ! » Là encore, je l'avoue, c'est complètement dingue. Les défunts sont parfois annonciateurs d'événements, pas toujours révolutionnaires mais d'un symbolisme déroutant.

Plus qu'une passerelle entre le monde des humains et celui des défunts, cette communication peut être la matérialisation d'un amour extrêmement fort, d'une protection aussi. Comme cette femme – oui encore une femme, même si autant d'hommes me consultent – qui tenait à me parler de son petit garçon. Le rendez-vous commence sur un « ressenti photo », elle se demande si son fils n'a pas des facultés médiumniques. Il semble posséder des énergies très particulières et est surtout très éveillé pour son âge. Au-delà d'être admirative, elle se pose moult questions et aimerait préserver son équilibre. J'analyse attentivement la photographie. Je suis émerveillée. Pour commencer, je vois que cet enfant possède une aura absolument magnifique, très lumineuse. Ensuite, j'observe le second plan, je distingue très nettement une défunte juste derrière le petit garçon. Je la décris, avec le plus de détails possible, à ma consultante, elle me confirme qu'il s'agit de sa grand-mère à elle. Je poursuis et je n'arrête pas d'entendre un mot absolument improbable. Je tente de continuer, rien à faire, ce mot revient continuellement dans ma tête. J'ose à peine m'en délester et, finalement, je me lance.

– Ça te parle, le mot « cacahuète » ?
– Euh... Pardon, mais je ne comprends pas. Non, je ne vois pas du tout, en fait, je ne vois absolument pas !

Vous voyez, quand je vous parle du manque de confiance en moi parfois ? Nous sommes en plein dedans. Je me dis que je délire, que c'est n'importe quoi. J'essaie de reprendre pied et de mener à bien la séance. Mais le mot « cacahuète » continue de résonner sans cesse dans ma tête, à tel point que j'ai du mal à me concentrer sur autre chose, sur l'essentiel, sur le fils de ma consultante. Je ne perçois que cette grand-mère qui répète le mot « cacahuète » à tout bout de champ. Nous parvenons cependant à mener à bien cette consultation et je lui apporte quelques réponses. En effet, son fils semble avoir des facultés exceptionnelles, en dehors de sa relation avec son arrière-grand-mère défunte. À l'issue du rendez-vous, malgré la satisfaction visible de la jeune femme, je reste toutefois sur ma faim. Je ne comprends pas. Est-ce moi qui me suis dispersée ? Ai-je manqué de concentration ? Cela ne m'arrive jamais, mais peut-être était-ce l'exception qui confirme la règle ? J'ai tout de même du mal à y croire. Quelques jours plus tard, la jeune femme me recontacte par mail :

« Ça y est, je sais de quoi tu me parlais ! Mon fils n'arrête pas de répéter toute la journée le mot "cacahuète" ! Il vient d'apprendre à l'école la chanson « Pirouette, cacahuète », et semble obsédé par "cacahuète", c'est incroyable ! »

Nous continuons d'échanger elle et moi et nous sommes littéralement mortes de rire, même s'il semble incongru d'utiliser le terme « mortes » à ce moment précis. L'arrière-grand-mère de ce petit garçon génial a prédit qu'il deviendrait dingue de cette comptine populaire. Eh oui, c'est cela aussi la communication avec les défunts, ils nous transmettent les choses avant qu'elles n'arrivent. Nous avons beau ne pas les voir – enfin, la plupart des gens –, mais ils sont bien là, toujours. Cette fois, par exemple, je m'esclaffe de la situation, je ris de bon cœur. Comme quoi les défunts ne sont pas dans nos vies que pour nous faire pleurer.

CHAPITRE IX

HANTISE ET NOIRCEUR

Cela fait plusieurs mois maintenant que j'ai commencé mon activité de médium et je me sens vraiment bien, là où je dois être. Mon planning est plein pour les prochaines semaines, je mets beaucoup de cœur dans chacune de mes séances et, pour coller au plus près des attentes de mes consultants, j'approfondis tous les jours un peu plus mon travail sur la spiritualité. Je ne me repose pas sur mes lauriers, loin de là, je tente d'améliorer mes performances, mes capacités, mes perceptions. Je m'entraîne beaucoup sur les photographies. Je trouve cela passionnant. En effet, sur les photos que j'étudie, les défunts ou les entités apparaissent toujours très distinctement, aussi précisément que les vivants. Je ne dirais pas qu'ils « posent » devant l'objectif, mais ils sont capturés sur l'image à l'instant T. Ce n'est ni plus ni moins qu'une trace vibratoire du défunt. Je vois comme si j'y étais et c'est un grand avantage dans mon métier puisque cela me permet de travailler à distance. Je me perfectionne également dans la géobiologie et j'apprends beaucoup de la mémoire des murs ou des lieux. Je ne parle pas d'esprits mais bien de « mémoires », c'est-à-dire des éléments, des ressentis, ou plus exactement de l'empreinte énergétique, figés dans l'espace-temps. C'est en ce sens que je peux voir, sur la simple photo d'une maison ou d'un terrain, une famille qui habitait les lieux, des animaux et même des scènes de vie. Cette faculté me rend des services considérables.

Par exemple, lorsque cette jeune femme se présente à moi. Je sens dans notre échange une légère panique de sa part. Elle m'explique que les jouets de sa fille s'allument tout seuls, que ce soit dans la journée ou en pleine nuit. Ils s'animent comme ça, d'un coup, sans raison. Avant d'analyser quoi que ce soit, je lui demande de procéder à quelques vérifications. Les jouets n'auraient-ils pas un dysfonctionnement ? Un faux contact pourrait-il être l'origine du phénomène ? Elle m'assure que non, je décide alors de lui demander une photo de la pièce où se trouvent les jouets de sa fille. Je perçois aussitôt un monsieur, assez âgé, de corpulence mince et la peau plutôt mate. Pile à cet instant, j'entends le prénom « José » retentir dans ma tête. J'interroge la jeune femme pour savoir si ce prénom lui dit quelque chose, elle comprend tout de suite. José est le grand-père de son époux, décédé. S'instaure alors une communication très touchante avec le défunt et le mystère s'évanouit enfin : le vieil homme a pris l'habitude de venir « dire bonjour » en actionnant les jouets afin d'être entendu et vu. Il veut juste montrer qu'il est toujours un peu là. Une vague d'émotion nous saisit alors toutes les deux devant cette preuve de vie sur le plan physique.

J'ai vraiment l'impression d'être entrée dans une nouvelle ère, une nouvelle phase, j'ai acquis une certaine maîtrise des éléments, mon champ d'action est déjà très vaste. Je me retrouve face à tous les types de défunts, des enfants, des grands-parents, des bébés, des personnes disparues depuis longtemps déjà ou parties seulement il y a quelques mois ou quelques semaines. J'ai parfois des cas plus difficiles que d'autres, plus ou moins élevés « vibratoirement » parlant, tout dépend de l'évolution de leur âme. Certains défunts se situent dans ce que l'on appelle « le bas astral », ils vibrent « bas » en fonction d'un vécu douloureux, avec de la souffrance, qui les empêche de monter. Dans ces situations, mon travail consiste à les aider et la première étape est de leur démontrer qu'ils peuvent effectuer cette évolution de l'autre côté. Je peux aussi être en contact avec des esprits très élevés sur ce même plan vibratoire, qui sont déjà passés dans la lumière que l'on qualifie aussi de « source » ou de « Dieu ». Ceux-là ont toujours la capacité de descendre sur des plans inférieurs. Pour être tout à fait claire, « l'autre côté » est composé de paliers, ce sont ces fameux plans vibratoires. Imaginez devant vous la tour Eiffel avec des étages, c'est la même chose. Plus vous montez, plus vous êtes élevés vibratoirement, plus c'est lumineux. Cette ascension s'effectue en fonction des émotions, des évolutions de l'âme. Le défunt est seul face à cette destinée : il n'y a que lui qui peut faire en sorte de monter, cela passe par la compréhension de son chemin de vie, s'il n'a pas compris les « leçons » de son existence ou qu'il reste dans l'ego, dans le terrestre, il peut facilement se retrouver bloqué. Ma mission est de leur faire comprendre ça, à tous, qu'ils soient au premier palier ou au dernier. Cela peut être long parfois de les aider à se libérer de tout ce qui peut les alourdir. Ce poids s'apparente à des chaînes serrées aux chevilles qui ne font que les tirer vers le bas. Ces chaînes sont des émotions négatives, tout ce qui relève de la souffrance ou des incohérences qui les habitent, ils se retrouvent en proie à des dualités, des paradoxes et ne trouvent pas d'issue. J'aime les aider, les secourir. Je dois tout de même avouer que certains ne sont pas commodes du tout, pour ne pas employer le terme « méchants ». Mais même ceux-là ont toujours une petite part de lumière en eux, il faut savoir la trouver et comprendre pourquoi ils se trouvent dans ces états si négatifs. J'ai d'autres cas compliqués avec ceux qui sont dans le déni total de leur mort, c'est particulièrement difficile de les faire monter.

Il y a aussi les récalcitrants, les intrusifs qui sont envahissants, voire hostiles. Ils viennent me voir parfois chez moi ou dans mes lieux. Je ne me laisse pas faire et je leur donne un bon aperçu de mon caractère, cet aspect fait aussi partie de mon apprentissage. C'est exactement comme dans la vraie vie, celle de tous les jours. Si vous avez affaire à quelqu'un de méchant, vous devez aussi montrer les crocs, sinon vous êtes certains de vous faire bouffer. Quand on vous attaque, vous vous défendez avec la même intensité, c'est une règle qui s'applique tout autant avec les défunts !

Si je possède cette force aujourd'hui, c'est grâce à mes confrontations avec certaines entités. Encore une fois, il me semble important de bien faire le distinguo entre les défunts et les entités. Les défunts sont les énergies de personnes qui ont déjà été incarnées sur le plan terrestre. Quant aux entités, il s'agit d'énergies pures qui n'ont jamais été incarnées sur terre. Elles peuvent être extrêmement positives si l'on parle des anges ou des guides spirituels puisqu'elles sont là pour aider, elles sont dans l'amour absolu. Elles sont parfois tout aussi négatives, des sortes de démons, de « bébêtes » du bas astral, et là, elles peuvent poser de vrais problèmes. Mais elles ne peuvent pas exister les unes sans les autres, on parle là de polarités complémentaires. Entités positives et négatives sont là pour nous apporter quelque chose, il y a toujours une résultante de leur action.

Plusieurs entités négatives ont tenté de me dissuader de poursuivre mon chemin spirituel, mon chemin de médium, c'est leur but, leur mission, elles sont là dans ce but très précis. Elles m'ont même fait vivre des moments très difficiles en m'attaquant régulièrement. Elles ont fait entrer des choses très noires en moi, m'ont provoqué des cauchemars atroces qui n'avaient pas lieu d'être, je n'avais regardé aucun film d'horreur avant. Je me voyais poursuivie par des tueurs, des personnes horribles armées de couteau et cherchant clairement à me tuer. À cause de ces entités, j'ai aussi été victime de nombreuses paralysies du sommeil. Je venais de m'éveiller d'un rêve, mais il m'était impossible de bouger mes membres, je voyais et entendais des choses très « dark », incluant notamment ce que l'on nomme les « shadow people », ce sont des silhouettes sombres à forme humaine mais dépourvues de traits. C'est effrayant lorsque l'on ne sait pas ce que c'est et que l'on a impression d'être une proie. Ces entités pouvaient tout à fait se manifester chez moi lorsque j'étais tranquille, comme cette fois où je faisais un soin du visage et que l'une d'entre elles est venue me surprendre. Je la sentais, agressive, derrière moi. J'ai aussitôt fait brûler des feuilles de sauge et enfumé toutes les pièces de mon logement pour le purifier. Bizarrement ou grâce à mon travail, j'ai toujours réussi à les faire partir assez facilement. Et, finalement, ces entités négatives, je les remercie. Elles m'ont terrorisée, fait froid dans le dos même, mais justement, aujourd'hui, je n'ai plus peur.

Dans mon cas, elles m'ont permis de plonger dans le côté sombre de moi-même, de réaliser un travail introspectif sur cette peur, de me poser les bonnes questions : Pourquoi ai-je peur ? Dans quel but ? Et je dois le dire franchement, je suis bien plus forte qu'avant, d'ailleurs, elles ne m'embêtent plus. J'ai tellement évolué, tellement élevé mon taux vibratoire qu'elles ne peuvent plus m'atteindre. Ces moments d'effroi ont constitué une étape essentielle dans mon apprentissage de la médiumnité.

Toutefois, ces expériences ne sont pas mon but aujourd'hui. Je me sens investie d'une mission toute particulière. Bien sûr, je suis parfois confrontée à des cas difficiles, des esprits réfractaires, mais mon objectif premier est de transmettre des messages à des familles, des ancêtres, des personnes que l'on a connues. Je suis un intermédiaire. Je m'intéresse à la « hantise » aussi, j'y travaille, je me suis beaucoup informée à ce propos, je sais d'ailleurs comment « dégager » un lieu d'un défunt rétif, je l'ai déjà fait. Ce sont des événements qui peuvent s'avérer très perturbants, les défunts sont capables de déranger des personnes dans leurs lieux de travail, leurs maisons, de « hanter » des objets également.

Lorsque j'étais en plein développement de ma médiumnité, dans l'acceptation de mes capacités, une entité s'est présentée à moi. Elle était chez moi et se faisait passer physiquement pour une grand-mère, une simple mamie de passage. Mais je sentais bien que quelque chose clochait. Ce que je captais énergétiquement parlant n'avait rien à voir avec une vieille dame perdue ou inoffensive. Je ne reconnaissais pas la vibration d'un défunt, c'était bien plus puissant et intrusif. Je n'étais pas encore à mon plus haut niveau, mais je n'ai eu aucune difficulté à démasquer ses ondes négatives, je peux même dire que cela m'a « sauté au visage ». C'était la première fois que cela m'arrivait, je trouvais cela très bizarre, mes sensations étaient mauvaises, j'avais peur, mais j'avais en même temps cet instinct de ne pas me laisser faire. À cette époque, j'étais régulièrement sujette à des paralysies du sommeil. Cette nuit-là était classique, calme et, pourtant, je me suis réveillée brusquement. Je sentais mon corps, mes jambes, mes bras, mon visage, mais j'étais incapable de bouger, comme clouée au lit. Deux voix bien distinctes se sont mises à résonner dans mes oreilles. Elles n'avaient rien à voir avec des voix humaines, elles étaient graveleuses, chuchotantes, tout à fait ce que l'on peut entendre dans des films d'horreur. Je les entendais dire : « Regarde, c'est elle. » L'espace d'un instant, j'ai été terrifiée de ces paroles et de me sentir observée par ces deux entités sans pouvoir bouger. J'ai toutefois réussi à réunir toutes mes forces et je suis parvenue à les dégager en concentrant un champ énergétique tout particulier, celui émanant du chakra du cœur. Et tout était terminé. J'ai malgré tout dû procéder à un nettoyage énergétique de mon logement.

J'estime donc que cela s'est plutôt bien passé finalement, mais ce n'est pas toujours le cas. Il m'arrive d'effectuer ce que l'on appelle des « sorties astrales », c'est-à-dire que la nuit, je sors de mon corps. Il faut parfaitement maîtriser son sujet pour réaliser cette opération, sinon, cela peut devenir dangereux. Le corps et l'esprit sont reliés parce que l'on appelle « le fil d'argent », il est relié à la nuque et permet de garder une soudure entre le corps physique et le corps spirituel, comme une sorte de cordon ombilical. Comme je vous l'ai dit, ces sorties astrales sont parfois risquées. Une nuit, j'ai fait une rencontre loin d'être sympathique. Je suis tombée face à une ombre noire qui cherchait clairement à me faire peur. Elle venait derrière mon dos et tentait de me sauter dessus. Là encore, j'ai réussi à m'en sortir, mais cet épisode m'a profondément marquée, il m'a d'ailleurs replongée quelques années en arrière lorsque je vivais encore en région parisienne. J'avais prévu de passer la soirée chez mon ami Thomas avec qui je riais beaucoup. La soirée était très agréable, je lui tirais les cartes mais sans grand sérieux, l'objectif du moment était de s'amuser et de passer du bon temps. Pourtant, je savais bien qu'à partir du moment où l'on se plonge dans une séance de voyance, on ouvre une porte vers l'au-delà. J'avais certainement omis ce détail ce soir-là. Nous avions décidé de nous coucher tôt, Thomas s'endormait paisiblement tandis que moi, comme d'habitude, le sommeil ne voulait pas me frapper de sa baguette magique. Là, il s'est passé quelque chose d'une force incroyable : des visages de défunts se sont mis à défiler devant mes yeux. Je n'en avais jamais vu autant d'un coup. Il pouvait m'arriver d'assister à certains débordements lorsque je manquais de contrôle, mais jamais à ce point ! C'était trop, beaucoup trop, on ne me laissait pas dormir, ma tête était pleine de messages confus, brouillés. Je me sentais harcelée, oppressée par une quantité de défunts placés sur des plans vibratoires différents, je ne savais plus où donner de la tête. Quelque chose d'important – pour ne pas dire grave – était en train de se produire. C'était un signal d'alarme... mais pour m'alerter de quoi ? J'étais incapable de le dire à ce moment précis. Il y avait quelque chose de moche dans la pièce, de sombre, de noir, je le sentais, il guettait. On me criait dans les oreilles : « Ouvre les yeux, maintenant ! » Je me suis exécutée et ce que j'ai vu dépassait tout ce que je pouvais imaginer. Au-dessus de mon lit, de mon visage, flottait une ombre noire, vaporeuse, sale. Avec du recul, je dirais plus tard que c'était comme les ectoplasmes que j'avais déjà vus, mais en version noire, pas belle, malveillante. D'abord sidérée, je me suis mise à crier, Thomas s'est réveillé et, à ma grande surprise, il a vu lui aussi cette ombre au-dessus de nous. Cette forme noire s'est ensuite mue pour se déplacer dans la cuisine, nous voyions encore son passage se refléter sur la poubelle en inox. Thomas a pris son courage à deux mains, il s'est levé et a hurlé sur LA CHOSE : « Dégage de chez moi, dégage de chez moi tout de suite. » Il avait raison, c'était chez lui, il était le seul à pouvoir la chasser, je ne pouvais rien faire. Cela a fonctionné, mais cette expérience fut très traumatisante pour nous deux. Nous avions senti le MAL. Cette expérience m'a toutefois permis de me forger et d'apprendre beaucoup de choses. Nous pouvons voir de telles entités, même sans le troisième œil. Vous pouvez donc le voir aussi, dites-vous que oui, cela existe.

La lutte contre ces entités négatives, le traitement de la hantise sont dans mes compétences, mais ne sont pas mon domaine de prédilection. Pour le moment, je ne propose pas ce service dans mes consultations, j'estime ne pas être assez aguerrie, ce n'est pas le moment tout simplement. Il me reste évidemment encore beaucoup de choses à apprendre, c'est une sorte de quête infinie et, dans ce métier, impossible de se reposer sur ses acquis.

Personnellement, je ne suis pas souvent confrontée à des défunts qui ont la volonté de me heurter, de me faire du mal ou de m'attaquer. Je ne peux toutefois pas nier le fait que j'en dérange certains qui cherchent clairement à me repousser dans certains lieux. Il leur arrive parfois de me montrer leur mécontentement, ils tentent de m'éjecter par différentes manières, ils n'ont pas envie de me parler. En aucun cas, je ne les forcerai à communiquer s'ils ne sont pas d'accord. J'ai l'exemple d'un défunt qui ne voulait pas forcément parler, mais qui me faisait beaucoup rire finalement. Il était très ronchon. C'était un monsieur un peu enveloppé, grisonnant, d'une quarantaine d'années, qui ne supportait pas que je mette la musique trop forte ! Je vis en musique pour cuisiner, pour me doucher, et ça le rendait dingue ! Il activait le mode pause des playlists en cours sur mon téléphone ou éteignait la télévision parfois. En revanche, dès que je baissais le volume ou qu'il lui semblait convenable, tout allait comme sur des roulettes. C'était un peu comme si nous avions mis en place des règles de colocation, et je trouvais cela assez amusant finalement. J'ai tenté de le comprendre aussi. Ces vibrations étaient peut-être réellement très difficiles à supporter pour lui. Quand on parle de « l'autre côté », il faut bien se dire que n'est que vibration, son, couleur et amour. L'électronique peut fortement perturber les esprits, je n'en doute pas.

La plupart des gens ont l'impression que tout se passe comme dans les films d'horreur : un esprit tente de vous agresser, de vous pousser du haut des escaliers. Je ne vais pas mentir, cela peut arriver dans ces cas dits « de hantise », il s'agit dans ce contexte de morts trop accrochés à leur ancienne vie, à leur habitation ou à une histoire particulière. Mais non, ce que je vis n'a rien à voir avec cela, c'est même plutôt rare, la violence est plutôt l'initiative des entités n'ayant pas été incarnées sur notre terre. La plupart des défunts de mon quotidien sont gentils, le pourcentage d'esprits agressifs est infime. Je le répète, c'est exactement comme dans la vie de tous les jours, il y a des personnes sympathiques et d'autres bien plus antipathiques. J'ai la chance de communiquer avec des défunts agréables, courtois. Il peut arriver qu'ils soient plus secs, plus froids, tout dépend de la personnalité qu'ils avaient lors de leur vivant.

J'ai des facultés qui me permettent d'analyser ces différents caractères en détail. Mais à la question : une personne lambda peut-elle ressentir les esprits autour d'elle ?, je réponds OUI sans aucune hésitation. Si vous êtes doté d'un peu de sensibilité et d'une bonne intuition, vous vous apercevez que vous n'êtes pas toujours seul. Sur le plan énergétique, vous pouvez tout à fait sentir un défunt à vos côtés. Si l'un d'entre eux est présent dans une pièce, le taux vibratoire change aussitôt. Il existe d'ailleurs une perception très significative. Il peut vous arriver d'avoir très froid soudainement dans un lieu. Cela veut certainement dire qu'un ou plusieurs défunts sont sur place. Ce n'est pas la température de la pièce qui baisse, c'est celle de votre corps. En réalité, elle s'adapte au taux vibratoire amené par le défunt. C'est flagrant, vous vous sentez en proie à une sorte de choc thermique alors qu'il n'y a aucune raison apparente à ce phénomène. Il y a évidemment d'autres signes, comme celui de se sentir observé, vous pouvez aussi avoir l'impression de sentir un souffle, une caresse, quelqu'un qui vous touche, tout simplement une présence même si vous ne voyez rien. Ce n'est pas anodin. Vous êtes nombreux à pouvoir capter cela sans même en avoir conscience, vous sentez quelqu'un sans savoir s'il s'agit d'un homme, d'une femme ou d'une entité. Cependant, sans pouvoir expliquer pourquoi, vous arrivez à déterminer si vous êtes face à quelque chose de positif ou de négatif en fonction de l'ambiance, de l'atmosphère, oui, vous savez si c'est de bon augure... ou pas !

Mais parmi tous les êtres que nous sommes, il existe aussi ceux qui ont peur. Et c'est normal d'avoir peur de ce que l'on ne connaît pas. Si vous faites partie de ces personnes, vous pouvez très bien ressentir ces présences, ces énergies, mais vous aurez forcément l'idée qu'elles sont négatives. Alors, je vous le demande, détachez-vous de vos craintes, cette présence qui vous frôle, vous entoure, peut tout à fait être un guide, un guide spirituel, un guide de votre vie, elle est simplement puissante énergétiquement, et c'est ça qui a tendance à vous effrayer. Il vous suffit d'être un peu plus à l'écoute et d'observer sereinement ce qu'il y a autour de vous. Éteignez la télévision, coupez votre téléphone, ne faites plus rien et concentrez-vous sur ce qui vous entoure. Vous vous sentirez entourés, frôlés, nombre de mes consultants me font part de toutes ces sensations. Moi-même, cela m'arrive à la maison, quand je ne suis pas « disponible ». Lorsque j'ai commencé à développer mes facultés médiumniques, je sentais régulièrement quelque chose toucher ma jambe, mon bras, c'était une manière pour chaque défunt de me dire : « Eh oh, je suis là ! » Au début, je me laissais aller puis, avec le temps, cela devenait trop envahissant, c'est là que j'ai dû mettre les fameuses limites que j'ai déjà évoquées. Pour contrôler cela, il faut avoir une connaissance et une maîtrise fortes de ses capacités extrasensorielles.

Un véritable contact est en réalité une rencontre à mi-chemin entre le défunt et moi-même sur le plan de l'esprit. Cela passe par l'état méditatif. Le recentrage sur soi est primordial, il faut abandonner l'extérieur pour se concentrer sur son intérieur. Lâcher prise, s'oublier physiquement et occulter les soucis du quotidien demande un effort considérable, mais c'est essentiel. Je dois également être dans un bon état d'esprit, ne pas avoir de problèmes majeurs susceptibles de me parasiter et ne pas être triste. En gros, je dois être bien dans mon corps, dans ma peau, dans ma tête, afin que tout soit fluide, je ne dois pas subir d'interférences. En revanche, peu importe l'environnement, que je sois seule ou au milieu de la foule, cela ne fait pas de différence. Je peux me concentrer partout du moment que je suis BIEN.

Une fois que j'ai fait le vide, j'emploie l'image du téléphone qui a un mode de réception associé à un mode d'émission de champs magnétiques. C'est tout à fait cela, je me mets en mode « réception de messages de défunts ». Je ne suis jamais dans l'attente ou dans la recherche de réponses du tac au tac. Cette communication doit se faire de façon douce et naturelle. Cet « état second » dans lequel je me trouve est difficile à expliquer avec des mots. Nous ne sommes plus dans le registre du vocabulaire, mais dans celui du ressenti. Lorsque je sens le défunt arriver, je le sens d'abord énergétiquement, puis je commence à le percevoir physiquement. Cela fonctionne comme un appareil photo : au début c'est flou, il faut faire une sorte de mise au point. La silhouette reste floue quelques secondes, puis je fais le focus et parviens enfin à le voir plus nettement, avec de petits détails. Dans les premières secondes, je le vois comme à travers les vitres fumées que l'on utilise dans les salles de bains. Dès que l'image est nette, la communication réelle peut s'exercer. Je peux toutefois être confrontée à des difficultés pour entrer dans l'échange. Si je suis face à un esprit ouvert, qui avait l'habitude de parler de son vivant, qui était à l'aise avec lui-même, c'est tout de suite très fluide, mais il m'arrive d'avoir affaire à des personnes qui étaient autrefois très timides, réservées. Dans ce cas, j'obtiens moins d'images et d'informations, les messages ont du mal à arriver, ils sont même un peu brouillés parfois. D'autres sont tellement assurés et dynamiques qu'ils vont beaucoup trop vite pour moi ! Je prends une feuille pour noter tous les messages et les images qu'ils m'envoient, mais cela va vraiment trop vite et je suis contrainte de leur demander de ralentir le rythme ! C'est dans ce type de situation que je me rends compte que le « petit corps physique » de l'être vivant a ses limites, notre enveloppe corporelle est lourde et peut nous freiner, voire nous bloquer. C'est logique après tout. Nous ne parlons pas avec la bouche mais avec l'esprit. C'est quelque chose qu'il serait bon de retenir. Si vous souhaitez transmettre un message à l'un de vos proches décédés, vous pouvez le faire, mais vous n'avez pas besoin de parler. Tout ce que vous direz dans votre tête, dans vos pensées, votre défunt va l'entendre. Vous pouvez tout à fait demander en pleine journée à votre grand-mère passée de l'autre côté si elle va bien.

En ce qui me concerne, il m'arrive parfois de parler à mes grands-parents lorsque je suis en train de faire mes courses, et je trouve ces moments très agréables. Dans ce cas, c'est le défunt qui vous « attrape ». C'est comme s'il devait prendre un train en marche, il doit courir vers un plan vibratoire inférieur pour vous atteindre.

Vous l'aurez compris, c'est une démarche aussi naturelle que complexe. Il me semble important de rétablir une certaine vérité à propos de cette passerelle qu'est la communication entre êtres vivants et esprits. Il est difficile de faire la part des choses en cette période où il existe une certaine mode consistant à faire du sensationnel avec les phénomènes que l'on pourrait qualifier de paranormaux. Je ne dénigre pas les émissions de télévision mettant en scène des chasseurs de fantômes, je ne suis personne pour juger cela et je n'aime pas juger, de manière générale. Il est vrai que tout le monde a besoin de preuves et nombreux sont ceux qui ont envie de se faire peur. La confusion se trouve à cet endroit précis. Pour moi, ces programmes sont avant tout du divertissement, mais il ne s'agit pas d'une quête de vérité. Le public veut frissonner, certes, mais force est de constater qu'il ne se passe pas grand-chose. Les esprits ne sont pas bêtes, ils n'ont pas envie de se montrer à tout le monde. D'ailleurs, ils sont omniscients, c'est-à-dire qu'ils connaissent le passé, le présent et le futur, l'espace-temps n'existe pas de l'autre côté. Ils savent à l'avance que l'on va venir les voir. Les « chasseurs de fantômes » sont équipés d'appareils électroniques perfectionnés, mais les défunts n'ont pas spécialement envie d'être pris en photo ou en vidéo. À moins d'avoir un message à faire passer, ce n'est pas leur truc. À mon avis, ce type d'intervention doit attirer des petits défunts rigolos et qui ont envie de taquiner pour s'amuser un peu. Je pense aussi que des entités négatives ont tendance à se manifester pour faire peur. C'est de la rigolade, selon moi, si l'on veut réellement communiquer avec les défunts, ce n'est pas de cette manière qu'il faut s'y prendre. Il faut les prendre au sérieux, ils ont été des êtres vivants avant toute chose et n'ont pas envie qu'on les donne en spectacle.

Il y a un autre problème majeur, d'après moi, dans ce genre de programme. Les chasseurs de fantômes se donnent pour mission de se rendre dans des endroits vides, abandonnés depuis des années. Mais si justement il n'y a personne... c'est qu'il n'y a vraiment personne ! Les défunts sont attirés par les gens, par les ambiances, bref, par les lieux habités ! Prenons l'exemple d'une grand-mère qui adorait ses petits-enfants, son énergie investira forcément un lieu où se trouvent des petits-enfants, des familles. Il peut toutefois y avoir des « défunts de passage » qui se rendront dans ces fameux endroits visités par des chasseurs de fantômes, ils viendront pour s'amuser un peu, mais cela ne donnera rien de très probant. Ce genre de chose aura plutôt tendance à les faire fuir. Et, honnêtement, il n'y a pas besoin de tout cet attirail pour voir et sentir les choses. Si l'esprit veut vraiment se présenter à quelqu'un, il trouvera un moyen, pas besoin des caméras ou de tous ces objets électroniques.

En revanche, je pense sincèrement que certains outils peuvent s'avérer intéressants, comme ces enregistreurs vocaux exploitant la transcommunication instrumentale. Il n'est pas rare que des gens rapportent le fait d'avoir entendu des voix dans leur téléphone ou lors d'enregistrements vocaux. Beaucoup de défunts se manifestent en provoquant des interférences, même durant un appel. C'est peut-être le seul point crédible que je peux distinguer dans ce type de programmes. Mais les cris, le sensationnel, les mises en scène, je ne suis pas d'accord. Il y a tellement de « fake » là-dedans ! Tellement de personnes qui ne voient rien, mais qui font semblant d'avoir peur et de crier... Pour un vrai médium, ce « scénario spectacle » se sent à dix kilomètres ! Ce qui serait vraiment intéressant et constructif, c'est un programme réunissant plusieurs médiums dans un lieu dit « hanté » afin d'y analyser la mémoire des murs et que chacun révèle son étude propre. Nous ne serions pas dans la peur, dans le voyeurisme, mais bel et bien dans la compréhension de « l'autre côté ».

CHAPITRE X

GROSSESSE ET MATERNITÉ, L'ÂME DE MON ENFANT

Je suis désormais très bien installée dans mon activité. Une petite routine se met en place, je suis heureuse et comblée. D'autant plus que j'ai un amoureux. J'ai la chance qu'il accepte mon métier. C'est quelqu'un de très terre à terre, mais il croit en ce que je fais. Le monde de la spiritualité, du New Age, clairement, ce n'est pas son truc. Mais il s'intéresse beaucoup à mon activité et lui-même a déjà été confronté à des événements un peu « mystiques ». Il est comme moi, finalement, il a besoin de voir pour croire. Et chez sa grand-mère, il a été servi. Il m'a souvent relaté qu'il entendait des pas autour de son lit. M'étant moi-même rendue chez sa grand-mère, je l'ai constaté, il y a effectivement des défunts là-bas, ce qui confirme sa sensibilité. J'ai cette chance qu'il soit très ouvert. La question des fantômes, les pouvoirs des « ouija », tout cela, il peut l'entendre. Mais, à part avec moi, il est très réservé concernant les voyants, guérisseurs et autres sorciers, il est persuadé qu'il existe bon nombre de charlatans dans ce milieu et je ne vais pas le contredire, OUI, il existe beaucoup de charlatans. Lui et moi avons une réelle relation de confiance qui passe en grande partie par l'humour. Nous aimons tous les deux faire preuve d'autodérision concernant mon métier, il m'a d'ailleurs donné une idée de titre pour mon livre : « Pourquoi ne l'appelles-tu pas *Je parle avec les morts qui sont morts* ? » Il m'a fait hurler de rire. Cela me fait du bien de relâcher la pression, son attitude me fait me reconnecter avec les vivants, bref, il me rend heureuse. Nous projetons d'ailleurs d'avoir rapidement un enfant, plus qu'une envie, c'est la suite logique à notre relation, un prolongement de nous. Tout s'enchaîne merveilleusement bien depuis que je suis partie en province.

Mais, en ce moment, j'ai de drôles de manifestations. Une âme ne cesse de me tourner autour. C'est un petit garçon, mais je n'arrive pas à comprendre ce qu'il est, ce qu'il représente. Il apparaît le plus souvent lorsque nous sommes tranquilles dans la chambre, toujours au même endroit, au-dessus de nous, dans le coin de la pièce, à droite, en l'air. Je le vois dès que nous sommes allongés. Puis ses apparitions deviennent plus intenses, je le sens près de moi presque tout au long de la journée. Il a entre huit et dix ans, de beaux cheveux bruns et des yeux verts. Quand j'aperçois distinctement ses traits physiques, je vois à quel point il ressemble à mon fiancé. Je trouve tout cela vraiment étrange et, en réfléchissant un peu, je me dis : « C'est sûr, ce sera notre enfant. » Il m'observe en permanence, se montre aussi, je trouve cela complètement dingue, je sais qu'un lien particulier existe entre nous. Trois mois plus tard, je sens quelque chose d'étrange en moi, dans mon corps, quelque chose d'inhabituel, au fond je crois que je le sais. Je suis enceinte. Je fais un test de grossesse, il est positif. Je me sens tellement heureuse, je pleure, je suis comme remplie d'amour. Et je sentais l'âme de petit garçon de plus en plus proche, presque en osmose avec la mienne. Comblée par cette nouvelle, j'ai tout de même envie de comprendre ce qui s'est passé. Qui est ce petit garçon ? Qu'est-ce que sa présence signifie ? Je parle à ma magnétiseuse, prétextant avoir besoin de renseignements sur la grossesse dans le cadre de mon activité. Elle m'invite à me procurer l'ouvrage *Les neuf marches* de Daniel Meurois et Anne Givaudan. Ce livre offre un regard spirituel sur la grossesse et la naissance des enfants. En associant cette découverte à certaines de mes recherches, je constate qu'il arrive souvent que l'âme du futur enfant vienne nous rencontrer trois mois avant de s'incarner dans le fœtus. C'est bien ce qui s'est passé, il est venu nous voir trois mois pile avant sa conception. Et d'ailleurs, durant toute cette période, avant de tomber enceinte, j'ai senti des choses changer à l'intérieur de moi et mes émotions étaient largement accrues, j'étais différente.

Tout dans le début de ma grossesse me ramène à cette âme de petit garçon, mais je ne me dis pas forcément que j'aurai un fils. Lorsqu'un homme ou une femme meurt, son âme ne se réincarne pas automatiquement dans un corps du même sexe. Cette âme choisit sa destination, masculine ou féminine, en fonction de ce qu'elle a à vivre ou en suivant le désir de ses parents. En ce qui me concerne, garçon ou fille, peu m'importe, je suis simplement heureuse de devenir maman. Mon compagnon, en revanche, ne cesse de me répéter qu'il serait comblé s'il avait une petite fille, c'est vrai que voir une petite princesse collée à son papa, admirative, c'est adorable, il rêve de ça et je le comprends. Arrive mon cinquième mois de grossesse et le verdict tant attendu tombe : c'est une petite fille. Je me suis dit tout de suite que l'âme de mon enfant qui venait me rendre visite et tournait autour de moi a voulu faire plaisir à son père. J'ai déjà l'impression de la connaître, je la vois avec ses cheveux bruns et ses yeux verts. On dit que les yeux sont le miroir de l'âme, je ne doute pas une seconde de la véracité de cette formule, je pense d'ailleurs qu'en se réincarnant, la couleur des yeux ne change pas. Ce n'est évidemment pas une science exacte, mais c'est ce que je ressens.

Ma grossesse et un pur moment de bonheur. Je n'ai pas de nausées ou peut-être très légères les premières semaines, mais je ne suis pas malade. Je me sens même très en forme, je ne fais jamais de sieste, je ne connais pas les inconvénients que cela peut représenter. Bien sûr, quand surviennent les dernières semaines, je n'échappe pas à la règle. Je ressens une grande fatigue, je suis lessivée, j'ai mal partout, au dos, au bassin, mon ventre est énorme. J'ai pourtant tout fait pour me préserver. Avant de déclencher mon congé maternité, je continue mon activité quasiment jusqu'au bout… enfin, uniquement la voyance et le tirage de cartes. J'ai dû mettre en pause le contact défunt dès le troisième mois, ces consultations me pompaient beaucoup d'énergie. Je sentais déjà l'âme de mon enfant, autour de moi puis en moi, je ne voulais pas créer d'interférences avec d'autres âmes. Je craignais une confusion et une surcharge émotionnelle. C'est pourquoi je leur ai clairement signalé que je ne serais pas disponible tant que je serais enceinte, je leur ai demandé de revenir plus tard. Ce n'étaient pas des paroles ou des phrases lancées en l'air, cela fonctionne plutôt comme un répondeur, je laisse un message sur une sorte de « boîte vocale ou spirituelle » et ils l'écoutent à leur gré : « Si vous avez besoin d'aide, recontactez-moi ultérieurement. » En général, dès lors qu'ils sont au courant, ils respectent mes règles. Ils n'ont pas envie de m'offenser, je suis leur outil après tout. Certains viennent toutefois me rendre visite, je les sens, je les vois, mais ils ne me dérangent pas, ils tiennent juste à me signaler qu'ils sont là ou ils souhaitent parfois simplement délivrer des messages. En effet, tous les défunts n'ont pas forcément besoin d'aide, ne sont pas forcément tous « bloqués », ils ont juste des choses à dire ou ils veulent nous prévenir de quelque chose, la plupart du temps, leurs intentions sont bienveillantes. C'est en tous les cas ce que je pense, ce que je vis, ce que je perçois. Mais ils ne peuvent pas aller contre le destin. Et je suis convaincue que cette grossesse était écrite pour moi depuis longtemps. Lorsque l'on est enceinte, on se tourne facilement, et sans le vouloir, vers le passé, les souvenirs. Moi, je me suis replongée dans mes rêves de jeunesse, des rêves qui se sont révélés très symboliques. Entre mes dix-sept et vingt ans, mes capacités extrasensorielles refaisaient surface dans ma vie et je ne cessais de faire des rêves très symboliques. Par exemple, je me voyais souvent perdre toutes mes dents. Chaque fois que cela arrivait, j'apprenais quelques jours plus tard le décès d'un proche ou de quelqu'un dans l'entourage de mes amis. C'était très perturbant. Puis sont arrivés les rêves prémonitoires… Même si je ne savais pas qu'ils l'étaient, à l'époque. Je ne cessais de rêver que j'étais enceinte. Pourtant, j'étais jeune, être maman ne faisait pas partie de mes projets à court terme, ce qui n'excluait pas que j'adorais déjà les enfants et que je savais que j'en voudrais, mais bien plus tard ! Mes rêves étaient extrêmement réalistes, je sentais le bébé dans mon ventre, j'avais les mêmes sensations qu'aujourd'hui, c'est incroyable. J'avais déjà senti ce que cela faisait d'être enceinte ! Je rêvais aussi de ce bébé, dans mes bras, avec de jolis cheveux bruns. Je me rappelle aussi de cette vision si forte : je venais d'accoucher, j'ai posé ce petit être sur mon sein pour l'allaiter, une sorte de « tétée d'accueil », tout se passait très bien, je sentais déjà ce lien très fort en train de se créer. À quelques semaines du jour J, je pense beaucoup à ce rêve car je me pose encore des questions sur l'allaitement et cela me fait du bien. Ce n'était pas un rêve, c'était une vision. Le jour de mon accouchement, je revis très exactement et dans les moindres détails cette même scène. Je vois cette petite bouille ronde, serrée contre ma poitrine, elle tète paisiblement, c'est doux, c'est une sensation que j'ai déjà vécue… plus de dix ans avant d'avoir donné naissance à ma merveille.

Hailie est là. Elle est ma petite fille. La plus grande âme qu'il m'ait été donné de rencontrer. Son énergie est forte et la mienne lui est dédiée. Pour autant, je m'aperçois d'une grande puissance vibratoire autour de notre cocon familial depuis qu'elle est née. En écrivant ce livre par exemple. Je me livre, je suis plus que jamais ouverte émotionnellement du fait de mon nouveau statut de jeune maman, et les défunts semblent le sentir. Il est trois heures et demie du matin, je suis dans la chambre avec ma petite fille et son papa. Ils dorment paisiblement alors que je suis en train de relire les dernières notes de mon ouvrage. J'entends quelqu'un marcher dans le couloir, un pas lourd et pas discret. Un homme, certainement, mais j'occulte, je ne suis pas disponible. Le lendemain, en pleine nuit évidemment, cet homme revient. Il semble avoir la soixantaine, sa moustache lui donne un air plutôt sympathique. Il est très élégant, bien habillé, tiré à quatre épingles. Il ne semble pas vouloir me solliciter, il fait partie de ces défunts dits « de passage ». Ils savent lorsqu'un médium peut les voir. Cet homme est simplement venu m'observer, me rencontrer, par curiosité. Il m'inspire confiance, je lui fais savoir qu'il peut tout à fait repasser me voir plus tard, lorsque je serai seule et que quelqu'un sera en mesure de garder ma petite fille.

Je sens toujours les présences malgré ma décision de me mettre en pause, c'est comme cela, je dois vivre avec, c'est ma vie, ma vocation.

Cet après-midi, Hailie et moi avons droit à un moment de calme, de douceur. Elle vient de prendre son biberon, elle est apaisée et me regarde de ses yeux rieurs depuis son transat. Nous sommes dans le salon et je profite de ce moment pour déguster mon café en admirant ma petite merveille. La sérénité règne dans la pièce et, pourtant, je sens une présence très forte. Je sais déjà que je ne vais avoir affaire à une entité ou un défunt « classiques ». Je dois savoir ce qu'il en est, alors je choisis d'ouvrir mon troisième œil, je balaie la pièce du regard et me rends compte de ce qui est en train de se passer. Elle est là, devant moi, à côté de mon bébé. Une femme, le guide spirituel de ma fille. Elle est brune, vêtue d'une longue robe blanche, extrêmement lumineuse aussi bien physiquement que de façon énergétique. Il n'y a aucun doute, c'est elle. Celle qui veille sur ma fille et qui la guidera dans son existence. J'aurais pu, l'espace d'un instant, la confondre avec MA guide, mais j'en ai la certitude, cette énergie-là correspond à Hailie. D'ailleurs, ma guide n'a pas changé, c'est toujours la même, je le sais.

Voilà donc ce qu'il y a à dire sur ma grossesse et sur ma maternité. La relation à l'enfant est très importante, elle prend beaucoup de place dans mes facultés médiumniques. C'est un point à ne pas négliger dans mon activité de contact avec les défunts. Je me retrouve régulièrement face à des familles, des grands-parents, oncles et tantes, etc. Mais il y a aussi beaucoup d'enfants, des très jeunes, des plus grands, des adolescents, il s'agit toujours de moments très particuliers. C'est un sujet très délicat que je m'apprête à aborder avec vous, je ne veux ni choquer ni perturber, mon souhait est de rassurer. Quand un enfant de cinq ou six ans se présente à moi, je demande systématiquement à mon consultant si ce petit être lui dit quelque chose. La première réponse est non, je sais pertinemment, à ce moment-là, qu'il faut creuser.

– N'avez-vous pas perdu un enfant ou fait une fausse couche il y a cinq ou six ans ?

En général, cette question fait mouche. Elle est suivie d'un silence et la personne qui me consulte me confirme une fausse couche. Ces enfants peuvent aussi être des petits frères ou sœurs perdus très jeunes. Leur passage de l'autre côté peut aussi être la conséquence d'une mort naturelle in utero, d'une interruption volontaire de grossesse, parfois d'une maladie ou de complications, certains sont mort-nés. Ces multiples expériences m'ont poussée à approfondir mes recherches et je me suis aperçue que ces êtres partis trop vite grandissent de l'autre côté. Ils se présentent ensuite à nous, médiums, à l'âge qu'ils auraient dû avoir aujourd'hui. Ces rencontres sont incroyables, je peux dire s'ils sont filles ou garçons, décrire leur physique, leur tempérament. Ceux-là ont donc clairement décidé de poursuivre leur croissance tandis que d'autres font le choix de se réincarner dans un prochain enfant.

J'ai déjà vu des femmes désespérées de ne pas avoir d'enfant, elles enchaînaient les fausses couches, je peux leur dire que le même enfant peut se représenter dans une grossesse qui se passera très bien et ira à son terme. Je le sais, car cela apparaît clairement devant moi. Ces femmes en question ne sont pas entourées d'enfants défunts, il n'y a pas eu d'erreur de parcours, elles avaient un enfant qui leur était destiné et qui ne les a pas lâchées.

D'autres âmes décident de ne pas se réincarner en tant que bébé si le corps devant les accueillir ne leur convient pas. Elles choisissent leur « véhicule terrestre » et peuvent tout à fait décréter de ne pas s'incarner si elles savent qu'elles risquent d'avoir des problèmes de santé, d'avoir des organes déficients, une structure squelettique incomplète ou de naître handicapées. D'autres ne font pas cas de cela et respectent leur destinée puisque, avant toute chose, ces âmes ont une mission, elles ne viennent jamais sur terre par hasard. NOUS ne sommes jamais sur terre par hasard, nous l'avons choisi, nous avons choisi notre chemin de vie même si la plupart des gens n'en ont pas conscience. Ceux qui, par exemple, passent leur existence dans un fauteuil roulant le savaient avant de naître. Mais ils sont là pour développer d'autres facultés et apprendre beaucoup de choses sur le plan humain ou spirituel. Je ne cesserai jamais de le dire : à chaque âme ses missions.

J'insiste sur ce point puisque je tiens plus que tout à déculpabiliser les mamans qui font des fausses couches ou qui subissent des IVG. C'était écrit et l'enfant n'a pas mal. Le bébé ne souffre pas au moment où on l'enlève puisque l'âme n'est pas encore présente dans ce corps, pas encore rattachée au fameux cordon d'argent dont je vous ai tant parlé. J'entends souvent parler d'avortements autour de moi, de femmes dans la douleur, dans la culpabilisation permanente avec cette phrase qui revient tout le temps : « J'ai tué un être, j'ai tué un enfant, je suis quelqu'un d'horrible, j'ai fait quelque chose d'horrible. » Non, Mesdames, vous n'avez tué personne. Cette sensation est fausse, il n'y avait personne dans votre corps à ce moment-là. Je trouve primordial de le souligner, encore et encore.

Ces enfants qui, finalement, décident de ne pas se réincarner s'attachent parfois à une mission de guidance, ils peuvent nous suivre, nous attendre et nous accueillir quand notre heure sera venue. Nous les reconnaîtrons tout de suite grâce à ce que l'on appelle « la reconnaissance d'âme », il n'y a pas de doute, nous saurons qui ils sont, ils veillent sur nous, constamment, avec les autres membres de notre famille. Je ne vous parle pas uniquement de mes expériences, j'y ajoute mes nombreuses documentations qui me permettent de maîtriser ce sujet.

C'est en ce sens que je dois vous raconter l'un des témoignages qui n'ont fait que corroborer ce dont j'ai été témoin. Une femme parle de son EMI (Expérience de mort imminente), elle a fait une tentative de suicide qui, fort heureusement, n'a pas fonctionné. Elle a toutefois quitté son corps, son âme s'est détachée, elle a vu et traversé la lumière blanche, la première personne à l'accueillir à la lisière de l'autre côté était sa fille, elle l'a reconnue immédiatement. Sauf qu'elle n'a jamais eu de fille. Elle avait fait une fausse couche très longtemps auparavant et s'est soudainement retrouvée face à une jeune femme de presque trente ans. Elles n'ont pas parlé, elles ont communiqué par télépathie, de la manière dont je communique avec les défunts. Leurs esprits se sont rencontrés, se sont reconnus, ont retrouvé l'amour inconditionnel qui peut exister entre une mère et sa fille. Elles se sont prises dans les bras, l'émotion était intense, puissante, extrême, magnifique.

Je suis consciente du fait que mes propos sur les enfants défunts peuvent vous troubler. C'est une sensation normale, mais ce n'est pas mon but. Par ces histoires, je veux vous faire du bien, à vous, parents, mamans qui avez perdu un enfant, et vous aussi, les Mamanges, qui avez subi un deuil périnatal. Je ne vous volerai pas votre douleur, elle est là, elle fait partie de vous. Mais dites-vous que vos enfants n'ont pas souffert, ils sont là, ils vont bien, ils se sont déjà peut-être réincarnés dans vos prochains enfants ou dans d'autres. Je vous parle notamment des « bébés arc-en-ciel », ces bébés qui naissent après le désespoir, après la douleur, après l'impression que vous ne pourrez plus jamais être mères. Comme un arc-en-ciel, ils se forment lorsque le soleil apparaît après la pluie et la tempête. Oui, la mort se meut en espoir.

CHAPITRE XI

ANGES GARDIENS ET GUIDES SPIRITUELS

Je pense qu'il est important de connaître ce que peut représenter un guide spirituel. C'est une explication qui peut vous aider à comprendre ce que je vis et ce que vous avez peut-être vous aussi vécu sans le savoir.

Les guides spirituels peuvent aussi être appelés des anges. Ce sont des entités qui, la plupart du temps, n'ont jamais été incarnées sur terre, dans notre réalité basique. Nous parlons ici d'énergies pures, créées par la source spécialement pour nous aider, nous piloter en quelque sorte, nous accompagner. Ils ont valeur de conseillers, de formateurs, c'est leur unique but. Ces anges nous aiment d'un amour inconditionnel, puissant. Vous aussi, vous avez votre ange. Chacun d'entre nous possède son guide spirituel attitré. Selon les étapes de notre vie, il est possible d'en avoir un à trois, parfois plus, pendant l'enfance, puis l'adolescence et ensuite dans la vie d'adulte. Ils peuvent donc changer, alterner, tourner, mais vous comprendrez qu'il n'y a pas de règles précises, ils ne respectent pas de lois, mis à part celle du cœur peut-être...

Certains défunts peuvent aussi décider de ne pas se réincarner tout de suite et de s'investir dans une « guidance », il s'agit dans ce cas de « guides familiers ». Leur mission est d'apporter de l'aide à une personne, c'est un choix que le défunt fait lui-même, un choix auquel vous aussi pourrez être confrontés lorsque vous serez de l'autre côté.

Oui, les anges existent, ils sont là, autour de nous, partout, nous en avons tous un. Les médiums « spirites » dont je fais partie ont la possibilité de les voir. J'ai cette faculté de distinguer physiquement les guides spirituels des personnes qui m'entourent ou me consultent. Ces apparitions sont très particulières dans le sens où ces énergies pures n'ont pas de corps, ce sont des lumières douées de conscience qui ont parfois la capacité de se donner une enveloppe corporelle pour se faire voir. Elles le font dans un but précis : nous aider, nous, les humains. Nous sommes des êtres complexes qui avons besoin de voir les choses, de mettre des cadres et placer les choses dans des cases pour croire. Les anges le savent et tentent de nous satisfaire à ce niveau. Si nous demandons à un guide spirituel de se montrer, il se donnera une apparence qui nous semblera familière puisqu'elle aura des corrélations avec ce que nous aimons, ce que nous vivons, nous nous reconnaîtrons forcément à travers lui. Nous saurons qu'il est là pour nous, il n'y aura pas de doute. Certains iront même jusqu'à se donner des prénoms alors qu'ils n'en ont jamais été affublés. Il s'agit là d'un signe très important, car un prénom a le pouvoir de vibrer pour une personne, il a toujours une signification et peut tout à fait être en lien avec une vie antérieure, nous l'avons peut-être déjà rencontré... autre part... Tout ce cérémonial est mis en place pour nous faire plaisir et nous montrer que nous pouvons faire confiance.

Ces énergies n'ont pas de sexe non plus, elles sont des vibrations pures. Le sexe ne se définit que lorsque l'on s'incarne physiquement, même nous, lorsque nous passerons de l'autre côté, que nous ne serons qu'une âme, nous n'aurons pas de sexe.

Nous déciderons ensuite de naître sous la forme d'un homme ou d'une femme. Cela explique tout, selon moi. J'estime que c'est pour cette raison précise que nous pouvons être hétérosexuels, homosexuels, bisexuels. Vous pouvez être un homme puis vous réincarner en femme, et inversement. Tout cela n'est qu'une question d'âme, de vibration d'âme. Réfléchissez-y et tout vous semblera logique.

Ne soyez pas effrayés par l'omniprésence des guides. Ils ne peuvent pas agir de leur propre gré si nous ne leur demandons pas directement de l'aide. Ils ne parviennent pas à réaliser des choses seuls, sauf s'il est question de nous sauver, de nous extirper d'une situation qui pourrait nous être très néfaste, voire fatale. Pensez à cela. Il vous est certainement arrivé un matin de vous lever, de penser à votre journée bien organisée et programmée, de préparer un déplacement et finalement, à la dernière minute, une intuition très forte vous a envahi sans que vous ne puissiez l'expliquer. Vous vous êtes dit – ou quelque chose vous a dit – « mieux vaut ne pas y aller », cela passe par un contretemps, un imprévu, un élément bizarre que vous ne sentez pas et qui vous oblige presque à annuler ce rendez-vous que vous avez fixé. Et le lendemain, vous apprenez qu'il s'est produit un événement à cet endroit où vous avez prévu de vous rendre, un événement qui aurait eu pour vous un impact négatif. ÇA, c'est de la guidance, très clairement.

Cet exemple me conduit à un souvenir, explicite. Il y a quelques années, je rentrais de l'école, je marchais tranquillement dans la rue, j'avais un long chemin à parcourir puisqu'il n'y avait pas de bus ce jour-là. Cela ne me dérangeait pas plus que cela, j'aimais marcher, la musique à fond dans les écouteurs vissés dans mes oreilles. J'étais dans mon monde, je ne faisais pas attention à ce qui m'entourait ni à la route lorsque j'arrivai au virage habituel où je devais passer pour rentrer chez moi. À cet endroit, il n'y avait pas de passage piéton, je traversai comme à mon habitude quand, soudain, une voiture pila pour m'éviter ! Avant de voir ce véhicule, je fis un pas en arrière, je ne l'avais pas commandé, j'avais été « tirée » en arrière par une force inexplicable. J'eus une peur bleue, j'étais sidérée, j'avais frôlé la mort. J'étais très jeune à cette époque, je ne savais pas ce qui m'était arrivé. J'ai souvent repensé à cette histoire et à l'atmosphère de ce jour-là. Il y avait comme une pression dans l'air, un « truc bizarre » qui me repoussait en arrière. À quelques millimètres près, je ne serais peut-être pas en train d'écrire ce livre aujourd'hui, je me serais fait percuter par cette voiture. Mais mon guide était là, je le sais maintenant. Il m'a sauvé la vie. Ce que je vous livre là n'est certainement pas une science exacte, c'est la conclusion de mes recherches, mes expériences, mon vécu. Mon guide m'envoie beaucoup d'exercices à faire, à la manière d'un professeur qui donne des devoirs. Sauf que l'objectif pour moi n'est pas d'obtenir des bonnes notes mais d'améliorer et renforcer un peu plus ma médiumnité. Mon ou mes guides ont aussi une fonction de filtre. Ce sont eux qui m'envoient les défunts ou les entités qui ont quelque chose à me dire ou à qui je peux venir en aide, ce sont eux qui acceptent d'insérer de nouveaux éléments dans notre chemin de vie. Ils ne nous enverront jamais de défis que nous ne pouvons relever ou des épreuves que nous ne sommes pas capables d'affronter. Ils sont des accompagnants formidables et je les en remercie chaque jour.

Le lien que l'on crée avec son guide, lorsque l'on en prend conscience, est impressionnant. Lorsque j'ai rencontré le mien – ou plutôt la mienne –, j'ai réellement eu l'impression d'être en face de ma vraie mère. Je dis « mère », mais je ne suis même pas certaine que le terme soit approprié. C'est plus qu'une mère, c'est plus qu'une famille, c'est une relation, une connexion incroyables. L'amour qu'elle me porte est indescriptible. Si vous avez la chance de faire cette rencontre, vous ressentirez également une sorte de culpabilité. Vous prendrez conscience de ce vous lui avez fait endurer au cours de votre vie : vos bêtises, vos mauvais choix ou actions, vos chagrins. Votre guide aura tout supporté par amour pour vous. Vous vous sentirez éternellement reconnaissant de sa patience et vous vous direz que, même si vous avez un tempérament solitaire, vous ne serez plus jamais seul. Il peut vous arriver de vous sentir vide à l'intérieur, isolé alors que vous êtes entouré de dizaines de personnes. Eh bien, dites-vous à partir d'aujourd'hui que votre guide est là, toujours, et qu'il ne vous lâchera pas, il vous épaulera et vous donnera l'amour dont vous avez besoin.

Cet amour est puissant, lorsque vous percevez ces énergies subtiles comme c'est mon cas, vous vous sentez entouré de ce sentiment intense. J'ai la chance de l'avoir déjà senti physiquement, je pourrais appeler cela un câlin astral, j'ai pris en pleine face une vague d'amour que je n'avais jamais éprouvée sur terre. J'ai la conviction qu'un être humain ne peut pas rivaliser avec cela, c'est impossible d'offrir un tel amour.

Je vous parle de quelque chose que vous ne vous sentez peut-être pas capable de vivre. Détrompez-vous. Selon moi, chaque personne a la possibilité de communiquer avec son guide si elle en a la volonté, si elle est à l'écoute. N'hésitez pas, tentez votre chance et demandez-lui un signe. La plupart des gens demandent de voir tomber une plume blanche, il est vrai que ce signe concret fonctionne régulièrement, des plumes blanches se mettent à voleter et descendre doucement jusqu'à vos côtés.

Dans les débuts de mon apprentissage de la médiumnité, j'avais évidemment demandé un signe, je tenais à voir quelque chose de concret, de physique, qui soit sous mon nez et qui ne laisse aucune part au doute quant à l'existence des anges. J'avais précisé que ce signe pouvait se manifester quand on me sentirait prête à le recevoir. Je l'attendais toujours ce soir-là où je rentrais à mon domicile après avoir effectué ma journée de travail au centre d'horticulture. Je marchais, j'étais épuisée. Arrivée au niveau d'un passage piéton, le ballet de voitures était interminable, c'était d'une longueur ! Sans savoir pourquoi, je regardai mes pieds, le signe était là. Une paire d'ailes d'ange en tissu était sur le bout de mes chaussures. L'accessoire avait dû tomber d'un sac, mais peu importait, c'était si beau, holographique, pailleté, poudré, doux. Des ailes d'ange, multicolores, sur mes pieds... Y avait-il vraiment quelque chose de plus significatif ? J'étais comblée mais, pour autant, j'ai continué à demander des signes, des preuves, je les ai toujours obtenus, toujours au moment parfait.

Toutefois je comprends, vous avez besoin de voir pour croire. Quand un défunt vous envoie un signe, vous le savez. Mes consultants me rapportent régulièrement des témoignages de ce type avant ou après nos séances. Cela me rappelle l'histoire de cette jeune femme... Nous avions prévu un contact défunt, mais elle m'a appelée quelques jours avant pour me raconter un événement troublant. Elle est tombée tout à fait par hasard sur un calendrier ayant appartenu à sa grand-mère, un objet qu'elle n'avait jamais vu auparavant, il s'est soudainement ouvert sur une page où était écrit son prénom, de la main de sa mamie. Elle l'a perçu comme un signe et elle a eu raison. Les défunts ont diverses manières de fonctionner pour vous montrer qu'ils sont là. Ils aiment aussi faire tomber des boîtes remplies d'objets leur ayant appartenu. D'ailleurs, afin de montrer leur véritable présence, ils aiment transmettre au médium des éléments précis que celui-ci ne peut pas connaître. Il s'agit souvent d'un bijou offert, d'un objet de la vie quotidienne, d'un vêtement ou d'un ustensile significatif dont seuls le consultant et le défunt peuvent avoir connaissance.

Faites bien attention à tout cela, ce n'est pas pour rien que les choses arrivent à un moment précis. Les signes nous guident, écoutez-les, regardez-les, sentez-les. C'est le plus précieux conseil que je puisse vous donner.

CHAPITRE XII

MORT ET RÉINCARNATION

J'ai décidé d'entamer l'écriture de ce livre pour démystifier le monde, la spiritualité et plus particulièrement la mort. La plupart des gens ont peur de ce qui peut se passer de l'autre côté et, par conséquent, ne veulent pas y être confrontés, ne veulent pas voir, ne veulent pas croire.

Encore une fois, je tiens à préciser que je ne parle pas d'une science exacte, nous avons tous – même moi – encore beaucoup de choses à apprendre, je vous livre ici mes expériences, ce que j'ai vécu avec les défunts, bien sûr, mais aussi le résultat de mes recherches et documentations. Certains ouvrages dont je vous ai parlé précédemment ont aussi valeur de guide pour moi. J'ose avoir la petite prétention de vous expliquer ce que je sais. Mon objectif est que vous n'ayez plus peur de l'inconnu et plus peur de ce qui vous attend de l'autre côté.

C'est dans ce cadre que je tiens à vous faire part de mon intérêt pour certains phénomènes appelés EMI, c'est-à-dire des expériences de mort imminente. Ces témoignages, associés à la communication avec les défunts, nous permettent d'évaluer avec relativement de précision ce qui se passe après la mort du corps.

J'aimerais vous rassurer pleinement et vous dire que vous verrez à coup sûr arriver votre mort pour ne pas la craindre. Malheureusement, j'ai la certitude que ce n'est pas le cas. Tout le monde ne voit pas arriver sa mort et, dans certains cas, cela peut même être très brutal. L'âme peut quitter de manière extrêmement rapide le corps physique. Il est possible que cela arrive si vite que certains défunts n'ont pas le temps de « dire ouf ». Et pourtant, il faut savoir qu'eux aussi ont besoin de faire leur deuil, il s'agit d'ailleurs d'une étape primordiale, comme pour leurs proches, qui sont restés du « bon » côté. Quand une personne meurt, elle a besoin de se résoudre à laisser son corps physique et sa vie passée, cela peut être très difficile et éprouvant. Elle doit dire au revoir à son enveloppe charnelle, d'une part, mais également à sa famille. Le temps du recueillement peut être long, mais il est nécessaire. Certaines personnes décédées depuis peu essaient parfois de rendre visite à leurs proches, de leur dire quelques mots comme « ça va, je vais bien, ne pleurez pas, je suis là ». Hélas, dans la majorité des cas, les personnes concernées ne perçoivent pas ces messages, ce qui peut provoquer une réelle frustration chez le défunt, à l'instar d'un enfant qui n'a pas encore assez de vocabulaire pour se faire comprendre de ses parents.

Ne pas pouvoir communiquer peut se révéler torturant, le mot peut vous paraître fort, il est pourtant tout à fait adapté à ce que peut ressentir un défunt à dans cette situation. Mettez-vous à sa place, c'est comme si vous étiez transparent et que vous n'ayez aucun moyen de vous faire remarquer des gens que vous aimez.

Bien heureusement, cela ne se passe pas toujours de cette façon et nombreux sont ceux qui s'aperçoivent d'une présence dans leur maison ou autour d'eux lorsque quelqu'un de leur entourage vient de rendre son dernier souffle. Les défunts sont très forts pour adresser les bons signes au bon moment, c'est LEUR manière de faire leur deuil.

Les départs sont parfois brutaux, en effet, d'autres se passent plus lentement et permettent de se préparer, autant que faire se peut, à la mort. Je vais donc vous parler de mon expérience propre, de ce que j'ai observé. Il peut se passer quelque chose d'assez troublant et révélateur lorsqu'une personne va décéder, dans les jours ou les heures qui viennent, c'est en tout cas ce que j'ai constaté il y a peu.

En 2018, j'ai eu quelques problèmes de santé, des pertes d'équilibre liées à l'oreille interne, aux tympans, c'était impressionnant, les symptômes s'apparentaient à ceux de la maladie de Ménière, je n'avais pas donc d'autre choix que d'aller à l'hôpital au plus vite. Arrivée aux urgences, je ne pouvais pas tenir debout, j'attendais, désorientée, assise sur un siège riveté au sol et peu confortable. Les heures s'égrenaient, les patients s'accumulaient, les brancards passaient devant moi, des gens surexcités aussi et qui hurlaient ou qui tenaient des propos incohérents. Bref, un scénario typique des urgences, mais je n'y étais pas franchement habituée. Dans ce tourbillon, une personne a pourtant accroché mon regard : une vieille dame, allongée sur un brancard, passe devant moi, pas besoin d'avoir des capacités extrasensorielles pour comprendre qu'elle était en fin de vie. Cette pauvre dame... on aurait presque dit qu'elle n'était déjà plus là. Elle me faisait de la peine, agonisant dans ce chahut, aux yeux de tous. Je la regardais et vis soudain comme un voile au-dessus de son corps, une matière vaporeuse, une énergie onctueuse, crémeuse, que j'aurais vulgairement pu comparer à une sorte de crème Chantilly. J'en étais sûre, ce n'était pas un ectoplasme même si cela y ressemblait vaguement. Non, j'avais affaire à quelque chose de tout à fait différent. Selon moi, ce voile n'était ni plus ni moins que son âme qui commençait à sortir de son corps, elle avait commencé son travail de « départ », j'avais devant moi ce fameux dédoublement. Dans quelques heures, cette femme ne serait plus là. J'en parlai immédiatement à mon ami qui m'avait accompagnée aux urgences. Cette scène me choquait, j'étais en train de prendre une grosse claque dans la figure. J'avais des frissons dans le corps, des sueurs froides, ce que j'ai vu m'a mis un gros coup. Ce jour-là, j'ai senti la mort, celle qui vous attrape quand elle en a envie, celle contre laquelle vous ne pouvez pas lutter, c'est spécial, dur et fou de voir cela de ses propres yeux. Et je vous garantis que cela n'a rien à voir avec le monde des défunts, vibrant et lumineux, que j'ai l'habitude de côtoyer. C'est pourtant le passage obligé pour passer de la lumière des vivants à la lumière des défunts. Il ne faut donc pas en avoir peur.

D'après divers témoignages que j'ai pu recueillir, nous savons au fond de nous quand c'est la fin, le moment de partir. Nous le sentons, nous lâchons prise peu à peu. Il n'est d'ailleurs pas rare que des personnes âgées sentant la fin arriver posent soudainement des questions très spirituelles aux infirmier.e.s s'occupant d'elles. Elles demandent comment se déroule ce fameux moment où l'on passe l'arme à gauche ou ce qu'il y a dans l'au-delà, qu'est-ce que c'est ? À quoi cela ressemble ? Je pense sincèrement que lorsque nous sentons que nous allons mourir, nous lâchons du lest sur ce qui est physique ou matériel, tout cela ne compte plus, cet attachement n'existe plus. C'est, somme toute, assez logique. Nous ne partons pas avec notre argent, nos meubles ou notre télévision, cela ne sert plus à rien, tout cela. C'est un peu comme si on remettait l'église au milieu du village. Nous oublions vite l'essentiel quand nous sommes sur terre, mais nous y revenons quand nous nous apprêtons à la quitter. Tout ce qui reste dans ces moments-là, ce sont les émotions, le cœur, l'amour que nous avons pour notre famille, l'amour que nous avons pour nos proches, nous voulons juste être présents et ressentir les choses... une dernière fois.

Quand la mort clinique intervient et est officiellement déclarée, le fameux cordon d'argent reliant notre corps à notre esprit se défait comme l'on coupe un cordon ombilical à la naissance d'un bébé. L'âme est aspirée vers ce tunnel blanc dont on parle tant. Cette blancheur est un composé d'énergies, de vibrations, il n'y a plus de chair, reste seulement la conscience. Il n'y a plus de délimitations, plus de sensations d'être enfermé dans une case, dans un corps. C'est exactement cela que l'on ressent lorsque l'on communique avec un défunt et que l'on doit sortir de son corps pour l'atteindre. Je suis dans ce même état lorsque je discute avec un esprit. Je ne suis plus dans mon corps, ma conscience s'élève, seule, déchargée de tout. Je ne me sens plus étriquée, c'est ce qui me fait dire que, de l'autre côté, nous avons un sentiment unique de liberté, quelque chose que nous ne ressentons pas dans le monde des vivants. De l'autre côté, nous nous sentons chez nous, nous n'avons plus de soucis. C'est merveilleux.

Pour autant, en basculant de l'autre côté, nous ne sommes pas seuls, nous sommes toujours suivis par notre guide spirituel, notre ange gardien, présent pour nous accueillir et nous montrer le chemin. La première chose que nous voyons est quelque chose de rassurant, notre famille est là, elle nous attend, nous ouvre les bras. Lorsque je pratique le « contact défunt », il m'arrive souvent de voir plusieurs membres de la famille autour de la personne avec laquelle je communique : les grands-parents, les oncles, les tantes, un cousin décédé, même des arrière-arrière-grands-parents, cela peut remonter très loin ! Même si nous ne les avons pas connus, ne vous inquiétez pas, eux nous connaissent par cœur ! C'est, tout bonnement une reconnaissance d'âme qui s'effectue.

Une question revient souvent de la part de mes consultants. Les défunts nous entendent-ils ? Nous voient-ils ? Bien sûr, ils voient tout et entendent tout. Si vous leur posez des questions, même uniquement dans votre tête, ils ne sont pas forcément présents à l'instant T, mais vos interrogations et vos pensées envers eux s'inscrivent dans l'espace-temps, ils y auront toujours accès. Gardez bien en tête que tout ce que vous faites, tout ce que vous dites, représente une énergie et cela reste, cela s'enregistre, telle une empreinte, dans l'univers. Vous voient-ils quand vous êtes aux toilettes ou sous la douche ? Eh bien oui, mais ne vous en souciez pas, ils n'en ont strictement rien à faire. Le corps leur importe peu, voire pas du tout, pour eux, la beauté ne concerne que l'âme, leurs préoccupations sont tout à fait différentes des vôtres, vous n'êtes qu'énergie pour eux. Ils ressentent toutes vos émotions : vos joies, vos chagrins, vos colères créent des champs énergétiques tout autour de vous, ce sont des couleurs et des vibrations qui émanent de notre corps, nous enveloppent et qui font écho dans leur monde. Si vous pleurez beaucoup pour une personne décédée, sachez que cette personne sera également très triste. Il est normal d'avoir du chagrin lors de la perte d'êtres chers, mais dites-vous que si vous retrouvez la joie, le rire, le bonheur, cela leur fera un bien fou.

C'est en ce sens que je me dois de revenir sur cette étape du deuil. Si vous n'arrivez pas à le faire lorsque vous perdez quelqu'un et que le défunt n'y parvient pas non plus, il peut vous accompagner un certain temps, rester près de vous, vous entourer, parfois toute votre vie, mais dites-vous bien que ce n'est pas sa place. L'étape du deuil est primordiale et représente une libération pour les deux côtés, il ne faut pas la sous-estimer.

Comme je l'ai précisé, il ne s'agit que d'une étape. Les défunts gardent une capacité à revenir facilement sur un plan inférieur, c'est-à-dire le nôtre. Je ne dis pas qu'ils viennent nous « embêter », la vengeance peut exister, c'est un fait, mais elle reste rare. Dans cette situation, nous parlons de hantise comme je l'ai évoqué précédemment, je dirais que cela ne représente qu'un cas sur dix. Les cas les plus fréquents, ceux qu'il m'a été donné de traiter, sont ceux de défunts ayant du mal à quitter leur famille lorsque subsiste un réel attachement. Par exemple, des époux ne pouvant pas se résoudre à quitter leur moitié ou alors une énorme difficulté à lâcher l'ego, le matériel ou des histoires du passé non résolues. Ces contextes peuvent se révéler compliqués autant pour le défunt que pour sa famille, nous pouvons même aller jusqu'à des liens relativement toxiques. Le rôle du médium sera de procéder à une négociation avec le défunt, tel un médiateur, pour diminuer et, finalement, rompre cette attache trop lourde, ce boulet au pied. Il va s'évertuer à le convaincre de quitter ce plan terrestre et le faire, enfin, entrer dans la lumière.

Cette mission a un nom précis : c'est celle du passeur d'âmes. Ce processus est long et peut se révéler fastidieux. Le rôle du passeur d'âmes est d'amener le défunt vers la source, vers Dieu. Il est essentiel de préciser que le passage d'âme n'est pas le même travail que l'élévation d'âme. Difficile de faire la différence et, pourtant, il s'agit de deux actions distinctes. L'élévation d'âme consiste à faire passer un esprit sur un plan supérieur grâce à une aide comprise dans un mot, dans un message.

La vie et la mort sont liées par l'âme qui ne disparaît pas. Elle vogue et voyage à travers ce que nous qualifions ici, sur terre, d'« époques ».

Croyez-vous aux vies antérieures ? Avez-vous la sensation d'avoir déjà vécu certaines choses ? Certains moments ? Là encore, je vous demanderai de ne pas automatiquement croire au hasard, mais plutôt à la réincarnation.

Une âme ne s'évapore pas, elle reste là, sur le plan qui lui chante, celui sur lequel elle se sent bien. Certains défunts n'ont pas la volonté immédiate de se réincarner, ils préfèrent rester dans l'au-delà dans le but de réaliser un travail ou de procéder à une profonde évolution d'eux-mêmes, puisque oui, il y a aussi cette notion d'apprentissage de l'autre côté. Et puis, le temps n'existe pas, il n'y a pas de limite. Le temps, c'est nous, humains, qui l'avons inventé pour nous repérer sur terre. Chez nous, cinq ans, dix ans représentent peut-être cinq minutes dans l'au-delà... Nous n'en savons rien et je pense que ça, nous ne le saurons jamais.

En revanche, si nous devons nous baser sur cette notion de

temps « terrestre », nous pouvons remarquer que la réincarnation se fait généralement au bout de quatre-vingt-dix ou cent ans. Il y a toute une lignée de famille qui attend d'être prête ou au complet pour se réincarner. J'écris au présent, car ce sont mes convictions, mes expériences, mais d'autres pourraient l'inscrire au conditionnel. Il est vrai que ce type de réincarnation n'est pas systématique et qu'il n'y a pas de règle non plus. Un défunt peut tout à fait décider de se réincarner au bout de deux ans ou six mois (en temps « terrestre » bien sûr). Il peut aussi choisir de ne pas se réincarner pour s'investir dans une guidance spirituelle, dans un rôle de guide familier, pour un frère, une sœur, afin de lui délivrer des messages utiles à son existence. C'est lui qui décide, ce n'est en aucun cas à nous de le convoquer, je pense que c'est écrit quelque part en amont, comme un « contrat d'âme » : « J'irai où tu iras. »

Le défunt choisit aussi la famille dans laquelle il va se réincarner, les parents qu'il aura… L'âme détermine son cheminement, les exercices dont elle a besoin, toutes les leçons qu'elle doit apprendre. Tout cela se fait dans un but d'évolution, d'étude, d'élévation, pour atteindre cet amour inconditionnel, cette légèreté, cette liberté d'esprit. La mission que l'on a tendance à se fixer en tant qu'être humain est d'avoir un bon travail, de trouver sa moitié, d'avoir des enfants et de se presser, car la vie est courte. Eh bien, celle du défunt est d'apprendre, et d'apprendre toujours plus sur lui-même pour atteindre ce sentiment d'amour absolu. C'est complexe, cela se rapproche de l'éternité, enfin, on ne peut pas tout savoir… Et heureusement.

Je sais que l'on a besoin d'images dans la tête pour situer, tâter, tenter de comprendre ce qui se passe après la mort. On me pose d'ailleurs souvent la question : « Comment est-ce de l'autre côté ? » « Les esprits vivent-ils dans une ville comme nous ? » « Y a-t-il des paysages ? » Quelles questions pragmatiques et intéressantes. Tant de livres et de films ont tenté d'imaginer cet au-delà. Mes réponses seraient : oui... et non. De l'autre côté, je le répète, il n'y a que de la lumière, du son, des couleurs... Mais le défunt peut créer. Rien qu'avec son esprit, il monte un environnement, il peut voyager aux endroits qu'il souhaite, dans les pays qui souhaitent. S'il a le désir de visiter l'Égypte et ses pyramides, eh bien, il s'y trouve. Le défunt n'a pas de limites de corps et est partout à la fois, il est comme des microparticules éparpillées dans l'univers, il peut absolument tout voir et tout entendre. S'il décide d'être à deux endroits différents, il n'aura aucun obstacle, il peut aussi se connecter à deux scènes différentes et percevoir tous les messages qu'on lui laisse. Cela semble complexe, mais c'est en même temps si simple, finalement.

Quand le défunt décède, il y a une base de données de toutes ses anciennes vies, de tout ce qu'il a fait, c'est à cet instant qu'il reprend toute sa mémoire. Avant de se réincarner, disons lorsqu'il se trouve dans le ventre de la mère, il perd cette mémoire afin de procéder à un « Reset », comme sur un ordinateur, une remise à zéro pour réapprendre les choses. C'est assez logique quand on y pense, si l'on se souvenait de toutes nos vies, on ne pourrait pas en vivre une autre. Malgré tout, nous pouvons observer de nombreux témoignages d'enfants se souvenant de leurs vies antérieures, le jeune âge permet de garder quelques bribes de cette fameuse mémoire. J'en ai eu parmi mes consultants. Je me souviens de cette maman très soucieuse des propos de sa fille, elle me les a rapportés : « Tu sais, Maman, quand j'étais dans le ciel avant de venir, j'étais une vieille dame, une grand-mère. Et je t'ai choisie parce que tu avais un gros cœur énorme et tu étais très gentille, alors j'ai voulu que tu sois ma maman. » Ces paroles m'avaient touchée au plus haut point et avaient confirmé ce que je savais déjà sur la réincarnation.

CHAPITRE XIII

N'OUBLIEZ PAS DE RÊVER

La plupart des gens vivent cela. Lorsque l'on perd un défunt, la veille, quelques jours, quelques heures avant ou parfois le lendemain, les gens rêvent de cette personne venant leur délivrer un message. Il est fort probable que cela vous soit arrivé à vous aussi. Ne sous-estimez pas ces rêves ni les messages ou les mots que vous adresse votre proche. Vous êtes sûrement réellement entré en communication avec lui. Lors du sommeil profond de la nuit, nous sortons de notre corps et nous retrouvons en phase de déconnexion totale avec lui. Cela devient bien plus facile pour le défunt de redescendre, de se mettre à notre niveau et de nous délivrer ce qu'il souhaite nous dire. Au cours d'un rêve, notre conscience est beaucoup plus active.

Connaissez-vous le principe du rêve lucide ? Je vous le souhaite, il vous offre des possibilités infinies. Il vous permet de prendre le contrôle de votre rêve. C'est un concept compliqué, je le reconnais, aussi compliqué que le film *Inception* de Christopher Nolan avec Leonardo DiCaprio et Marion Cotillard. Nombre de personnes n'y ont pas compris grand-chose et, pourtant, le fait d'être acteur et metteur en scène de son rêve est quelque chose qui existe vraiment et que vous pouvez faire. Vous faciliterez également la visite de votre défunt qui aura bien moins de mal à entrer en contact avec votre âme.

Tentez de vous souvenir de vos rêves, de les noter et faites bien la différence entre eux. Si vous avez été stressés ou mis sous tension au cours de votre journée, vous pouvez rêver de choses plutôt angoissantes ou qui n'ont pas de sens, des tourbillons, des chutes, des éléments désagréables. Dans cette situation, c'est votre mental qui s'exprime, il a besoin d'évacuer les choses négatives que vous avez vécues. Ce sont les autres rêves qu'il faut analyser sérieusement, ceux où vous voyez clairement votre défunt, cela vous semble extrêmement réel. Je ne vais pas vous surprendre en vous révélant que c'est quelque chose qui m'arrive régulièrement... Mais, très souvent, ce sont des personnes que je n'ai jamais vues, jamais rencontrées ! Elles viennent me voir, me parlent, me racontent des histoires, des anecdotes. J'ai toujours su que mon cerveau ne pouvait pas créer de toutes pièces un personnage que je n'ai jamais croisé nulle part, qui a une voix, une personnalité, des vêtements. Évidemment, ce n'est pas possible, cela ne s'invente pas, ces rêves ne sont ni plus ni moins que des rencontres, mes recherches a posteriori me l'ont confirmé.

Je vais vous livrer une expérience qui devrait vous permettre d'y voir plus clair. Un soir, alors que nous étions en vacances, mon compagnon et moi étions très fatigués après une journée de visites et de détours en tout genre. Nous n'avions pas pensé à réserver d'hôtel, nous nous sommes donc rabattus sur un motel de bord de route en dernière minute. Nous sommes arrivés dans un hôtel pas chaleureux pour un sou, miteux, sale, horrible pour quelqu'un de maniaque comme moi ! Entre les cheveux et les poils éparpillés aussi bien au sol quand dans les sanitaires, le moins que l'on puisse dire, c'est que je suis sortie de ma zone de confort. Nous n'avions pas le choix, j'ai tenté de faire bonne figure, ce n'était que pour quelques heures et nous étions vraiment lessivés. Malgré ma fatigue intense, sans grande surprise, je n'arrivais pas à m'endormir dans cette chambre hideuse. Mais ce n'était pas à cause de l'énervement, des voix, des sons, des images se bousculaient dans ma tête, une foule de perceptions se bousculaient entre mes tempes, elles agissaient comme des interférences et m'empêchaient de dormir. J'ai automatiquement repensé à ce qui m'était arrivé chez mes deux amis quelques années auparavant. Je me suis dit : « Ça y est, il va encore m'arriver un truc incroyable, quelqu'un insiste pour me parler. » J'ai tenté de créer une barrière, un blocage, en disant aux défunts pouvant m'entourer que j'étais vraiment trop fatiguée et qu'il fallait me laisser, que je n'étais vraiment pas disponible. Moment d'accalmie. Ce sont mes rêves qui ont été agités. J'étais dans une voiture, un vieux modèle ressemblant à une 205. Un homme d'environ soixante-dix ans était au volant, nous étions sur la route. Son physique me troublait, il avait les cheveux gris et semblait très amaigri, le visage creusé, frêle, la peau sur les os. Il paraissait plus âgé qu'il ne devait l'être. Il conduisait mal, comme s'il n'arrivait pas contrôler son véhicule. Nous nous rapprochions dangereusement du péage et il ne ralentissait pas. Il m'a semblé qu'il tentait de freiner à la dernière seconde, mais c'était trop tard. La voiture s'est emboutie dans le terre-plein en béton, entre les barrières et les cabines. J'ai assisté à l'accident comme si j'étais soudain sortie du véhicule, je me suis retrouvée projetée à l'extérieur avec l'arrière de la voiture dans ma vision directe. C'était une épave, elle était complètement détruite, écrasée et encastrée dans l'infrastructure du péage. Je me suis réveillée en sursaut, perturbée, très choquée par la violence de la scène. C'était d'une réalité intense. Je n'ai pas pour habitude de me rappeler mes rêves, mais lorsque je m'en souviens, c'est qu'il s'est passé quelque chose... Comme la visite d'un défunt venu me raconter son histoire... J'ai fait quelques recherches pour en avoir le cœur net. La route au bord de laquelle nous avions dormi est tristement connue pour le nombre d'accidents qui y sont survenus. Après avoir pris un modeste petit déjeuner – tout était plus que modeste dans cet hôtel –, nous avons repris la route et sommes arrivés à un péage, je vous laisse deviner, il s'agissait du péage de mon rêve. Cette vision m'a donné froid dans le dos, cet homme avait voulu me décrire son accident et j'étais en train de le revivre. Étant complètement épuisée, j'avais refusé de le recevoir, il a donc trouvé un autre moyen pour me contacter, il s'est invité dans mon rêve. J'en ai parlé à mon compagnon et ai décidé de prendre les choses en main. Ce monsieur avait décidé de me faire part de sa souffrance, ce n'était pas sans raison. J'ai fait des prières pour lui, je l'ai aidé à « monter », je l'ai rassuré autant que j'ai pu, cela s'est très bien passé, il n'est jamais revenu me voir.

Un autre rêve de ce type m'a tout autant marquée. J'étais dans un de ces vieux trains que l'on appelait les « petits gris » en région parisienne. Il était vétuste, avec des sièges en cuir marron à moitié arraché. Nous étions à pleine vitesse lorsqu'il a brusquement déraillé dans un bruit assourdissant de crissement de rails. Il a aussitôt dévié et s'est mis à pencher sur la gauche. C'est à ce moment que j'ai fait attention à cet homme, en face de moi mais deux sièges plus loin. C'était une scène de film d'horreur, gore. La vitre a explosé et il a reçu un bout de verre en plein dans la tête, le sang a giclé partout, c'était effroyable. Puis le black-out. J'avais dû mourir aussi dans cet accident, j'étais certainement à la place d'un défunt, je voyais à travers ses yeux. Je me suis réveillée en sueur, le cœur battant très fort, je ne pouvais plus supporter que l'on m'impose ce type d'images. J'étais horrifiée et je vous avoue ne pas avoir fait de recherches par rapport à cet accident, je voulais juste l'oublier, il était d'une violence sans nom. Je n'ai d'ailleurs jamais reçu d'autres visites de ce défunt, je l'ai plaint, c'est sûr, mais je n'étais pas prête à revivre cette scène. J'ai toutefois fait des prières pour lui, je lui ai envoyé tout l'amour du monde, je lui ai expliqué que ce qu'il avait vécu avait sûrement été monstrueux mais que ce qui l'attendait de l'autre côté était très beau, il devait s'élever à présent. Des morts brutales perturbent le chemin du défunt, ils ne savent plus où ils en sont, ils ont peur de l'au-delà, notamment parce qu'ils n'ont pas eu le temps de dire au revoir à leur vie, ils sont trop accrochés à la vie terrestre. Il faut leur parler et leur apporter de l'assistance, c'est mon rôle.

Si je vous raconte cela, c'est pour que vous preniez conscience de l'importance du rêve, elle est capitale. La journée, la plupart des personnes ne sont pas disponibles, prises par leur travail, leur famille, les missions du quotidien. Le troisième œil est fermé. C'est pourquoi la nuit, dans un moment paisible de totale sérénité, ces signes pénètrent leur esprit, leur âme devient réceptive.

CONCLUSION

MON MESSAGE À VOUS, VIVANTS

On m'a déjà comparée à une sorcière. Cela ne me dérange pas, à vrai dire. Oui, je suis peut-être ce que l'on appelait une sorcière à l'époque de Jeanne d'Arc, j'aurais certainement été brûlée sur un bûcher si j'avais raconté tout cela au XVe siècle. Toutefois, je n'ai jamais réellement rencontré de personnes hostiles à mon activité. Réfractaires, tout au plus. Mais je les laisse croire ou non en tout cela.

Je n'ai pas écrit ce livre pour simplement vous raconter ma vie. Je me sens portée par une mission, celle de faire connaître au public, à vous, les défunts. Ils existent, ils sont bien là, ils se situent simplement sur un autre plan que le nôtre. L'au-delà existe, soyez-en convaincus. Mon but aujourd'hui est de démystifier la mort. Le mot semble terrible, il ne l'est pas en vérité, il s'agit simplement d'un tabou, en particulier en France. La mort est forcément associée à la tristesse, aux pleurs, à la grisaille, au cœur lourd. Certes, il est difficile de perdre quelqu'un, de ne plus pouvoir voir cette personne que l'on a tant aimée, mais pour sécher ses larmes, il suffit de s'ouvrir à ce qui peut se passer après. Dans certains pays, la mort peut être un événement heureux, joyeux, elle est même célébrée par des fêtes, des couleurs, des musiques entraînantes, les rituels organisés en Amérique du Sud en sont la preuve, des autels sont mis en place pour honorer les défunts, on leur fait des cadeaux, on leur donne à manger, bref, on comprend qu'ils sont toujours parmi nous.

Dès toute petite, je me suis interrogée sur la mort. Bizarrement, je n'en ai jamais eu peur. J'ai toujours été persuadée qu'il y avait quelque chose après, que ce n'était pas une fin en soi. Je me disais qu'il était impossible qu'il n'y ait plus rien d'un coup, que ce soit vide, tout noir... Toute cette existence, toutes ces épreuves... pour rien ? Je n'y ai jamais cru une seule seconde. J'espère qu'après cette lecture, vous partagez mon avis et que vous non plus, vous n'avez plus peur. C'est ce que je souhaite de tout mon cœur.

La vie serait totalement différente si tout le monde savait, si tout le monde comprenait que les âmes subsistent, qu'elles se réincarnent, qu'elles nous accompagnent. La mort n'est qu'une étape de la vie, sa continuité, un simple passage. L'autre côté est magnifique, nous devrions être reconnaissants de ce qui nous attend. Là-bas, nous sommes libres, nous sommes nous-mêmes, nous n'avons plus de contraintes, de limites ni de maladie. Les défunts ayant souffert de graves maladies comme Alzheimer, Parkinson ou le cancer, n'ont plus de douleurs, de tremblements, de soucis de mémoire. Ils sont eux-mêmes, sans les parasites que la vie est parfois susceptible d'apporter. Nous parlons là d'une véritable libération.

Et d'ailleurs, sans vouloir vous entraîner dans un débat philosophique, vous aurez compris que nous n'avons pas encore toutes les réponses à nos questions. Dans ce cas, franchement, qu'est-ce qui nous dit que la vraie vie n'est pas de l'autre côté finalement ? Peut-être sommes-nous, en ce moment même, sur cette terre, dans une vie parallèle ? Peut-être que nous ne vivons qu'une étape. Cessons d'avoir peur de la mort, c'est ce que je souhaite vous demander aujourd'hui, avec le sourire.

Peut-être serait-il judicieux également d'arrêter de parler de « paranormal ». Non. C'est normal, c'est tout. Le vrai problème, c'est que nous ne nous offrons pas de temps de réflexion, nous nous fermons à tout. S'accrocher au matériel, avoir le téléphone le plus performant, la plus belle voiture, les tenues les plus « classe », très peu pour moi. Ce sont des éléments qui nous éloignent de notre foi, de notre spiritualité, de notre confiance en nous. La crise sanitaire a fait des dégâts considérables, mais elle aura eu un mérite, permettre à certaines personnes de se recentrer sur elles-mêmes, sur leurs ressentis, leurs vraies envies, leur instinct. Ces épreuves n'arrivent pas par hasard, elles sont là pour nous reconnecter à nos racines et à notre vraie personnalité. Je pense que le monde est en train de changer et que les esprits s'ouvrent petit à petit.

La quête de la spiritualité semble intéresser de plus en plus et devient presque une mode, les gens semblent se réveiller. Nous ne comptons plus les diverses émissions consacrées aux voyants, aux sorcières modernes et autres. Il n'est pas question non plus de tomber là-dedans. La spiritualité n'est pas un jeu ni un divertissement, c'est quelque chose de très personnel, ancré en vous.

Je tenais également à vous préciser que certains termes que j'ai évoqués ici, les « anges », la « source », « Dieu », peuvent vous sembler très proches d'un langage religieux. Il ne s'agit pas de religion. Nous ne parlons pas de paradis ou d'enfer, c'est le monde des défunts, ce sont des sensations, des couleurs, des vibrations, c'est au contraire, universel, c'est ce qui nous lie, tous. Les anges sont des guides spirituels, des gardiens, ils nous aident.

Pour conclure, je ne suis pas un médecin ou un homme politique, je ne cherche pas à vous convaincre, chacun est évidemment libre de penser ce qu'il veut. Toutefois, je veux par-dessus tout vous montrer qu'il y a une autre voie que celle que vous croyez. Je veux ouvrir vos consciences et vous faire réfléchir au-delà de ce que l'on peut nous dire ou nous montrer. Ce n'est pas parce que vous ne voyez pas que cela n'existe pas. Le vent, il est invisible et, pourtant, il est bien là. Ouvrez vos sens, vos yeux, vos oreilles, rappelez-vous vos rêves, voyez plus grand, soyez empathiques avec les gens qui vous entourent ou que vous ne faites que croiser. Reconnectez-vous aux belles choses, au bonheur, à la vie. La vie et la mort, c'est de la joie, croyez-moi, il n'y a rien de négatif dans ces notions. Faites-moi confiance, faites-vous confiance. Tout ce qui vous attend, c'est de l'amour.

Je me permets ce dernier conseil à vous, êtres vivants et parfois perturbés par la disparition de vos défunts qui vous manquent tant. Sachez que vous les rendrez très heureux en pensant à eux positivement, avec de jolis souvenirs et particulièrement... en leur achetant des fleurs. Je l'ai constaté une première fois le jour où une personne est venue pour un contact défunt avec son père. Celui-ci est apparu rapidement, il m'a montré un bouquet de fleurs, j'en ai évidemment parlé à ma consultante qui m'a dit qu'elle venait d'acheter une composition afin de la déposer sur la tombe de son papa. Achetez des fleurs pour vos défunts, ils savent quand vous le faites, ils adorent cela, c'est une manière supplémentaire de leur prouver votre amour, à eux, qui vous en donnent à chaque instant de votre vie. Aimez-vous vivants et morts aussi.

REMERCIEMENTS

Je souhaite remercier en premier lieu les défunts et les personnes qui me consultent. Mais aussi mes guides spirituels sans qui ma vie ne serait pas aussi belle aujourd'hui. Je dédie mon livre à vous, défunts, partis parfois trop tôt pour nous ici, sur terre.

Je remercie chaleureusement deux âmes merveilleuses, Florence, mon éditrice, et Carole, pour leur confiance et leur bonté de cœur.

Merci à mon Papa et ma Maman pour leur amour, oui merci sincèrement à eux qui ont dû subir des choses incompréhensibles durant la première partie de ma vie.

Merci à ma fille Hailie de m'avoir choisie pour mère, merci pour tes sourires et tes yeux verts si pétillants.

Merci à mon amoureux de vivre à mes côtés, nous qui nous ressemblons tellement à travers nos blessures et à travers le fruit de notre amour.

Merci à ma petite sœur que j'aime de tout mon cœur. Merci pour ton amour et la compréhension de mon hypersensibilité.

Merci à mes deux amis depuis dix ans : Magaly, ma sœur de cœur, pour nos fous rires et notre complicité depuis si longtemps, et toi Thomas, mon frère de cœur, pour ton soutien, nos merveilleuses passions sur l'amour et la beauté de nos enfants intérieurs.

Merci à Inès Lenne pour son groupe Facebook et ses ouvrages merveilleux de sens.

Merci à vous.

TABLE DES MATIÈRES

CHAPITRE I – JE SUIS MÉGANE, JE COMMUNIQUE AVEC VOS DÉFUNTS 7

CHAPITRE II – PREMIERS SIGNES, L'ENFANCE FACE À LA MORT 15

CHAPITRE III – QUI SUIS-JE ? 29

CHAPITRE IV – NE PLUS VOIR... NE PLUS ENTENDRE... NE PLUS SENTIR... 39

CHAPITRE V – LE DÉCLIC, L'OUVERTURE 49

CHAPITRE VI – SPIRITUALITÉ, MÉDIUMNITÉ, L'APPRENTISSAGE 61

CHAPITRE VII – MA NOUVELLE VIE : L'ÉCOUTE DE LA MORT 69

CHAPITRE VIII – APPRENDRE À VIVRE AVEC LES DÉFUNTS 79

CHAPITRE IX – HANTISE ET NOIRCEUR 91

CHAPITRE X – GROSSESSE ET MATERNITÉ, L'ÂME DE MON ENFANT 105

CHAPITRE XI – ANGES GARDIENS ET GUIDES SPIRITUELS 115

CHAPITRE XII – MORT ET RÉINCARNATION 121

CHAPITRE XIII – N'OUBLIEZ PAS DE RÊVER 131

CONCLUSION – MON MESSAGE À VOUS, VIVANTS 137

REMERCIEMENTS 141